AF451408

LE PAPIER

IIIe GROUPE DE L'EXPOSITION TECHNOLOGIQUE DE 1882

PARTIE MODERNE

UNION CENTRALE DES ARTS DÉCORATIFS

LE PAPIER

IIIe GROUPE DE L'EXPOSITION TECHNOLOGIQUE DE 1882

LIBRAIRIE

IMPRESSIONS — PHOTOGRAPHIE — GRAVURE

RELIURE — PAPIERS PEINTS

PARTIE MODERNE

RAPPORT DU JURY DES INDUSTRIES DU PAPIER

M. ALFRED FIRMIN-DIDOT

SECRÉTAIRE RAPPORTEUR

PARIS

LIBRAIRIE DE FIRMIN-DIDOT ET Cie

56, RUE JACOB, 56

1883

LE PAPIER

IIIᴱ GROUPE DE L'EXPOSITION

1882

PARTIE MODERNE

Le Groupe du Papier est divisé en deux sections : l'une comporte les matières premières, les papiers transformés et spéciaux, les machines à imprimer, etc.

La deuxième section comprend :

1° *Le Livre;*
2° *L'Image;*
3° *La Décoration du papier;*
4° *La Reliure;*
5° *La Photographie.*

Ces cinq classes sont soumises à l'examen d'un seul jury. Le choix fait par celui-ci de son secrétaire-rapporteur, indique assez que le livre, placé le premier dans le classement, doit demeurer le principal objet de ce rapport; c'est-à-dire que les études à faire des diverses industries qui procurent au livre son lustre moderne devront, autant que possible, converger vers ce but principal.

Avant d'entrer dans les considérations particulières, nous saluerons donc d'abord le livre, tel que dans sa généralité nous le rencontrons aujourd'hui; et, en dehors du livre d'art que nous considérerons à part, le livre de texte pur, fruit de la savante et austère typographie, et le livre dit « illustré » qui, par la gravure en relief insérée dans le texte, conserve l'unité du métier.

C'est pour en féliciter la typographie et la librairie que nous signalons, entre autres remarques faites par le jury, le réemploi du caractère dit « classique » dans le livre « d'amateur ».

Ce réemploi est maintenant assez large et semble tendre à se généraliser. Le type classique issu de la tradition de Jenson, des Alde, des Estienne, reconquiert ainsi la place qu'il occupait jadis dans la haute librairie française, et particulièrement à ces époques du XVIIIe siècle où les Didot, fondeurs et imprimeurs, produisaient la belle collection des classiques français, dite « du Dauphin, » et encore, cette autre suite de belles éditions confectionnées au palais national du Louvre qui forment un fonds qu'une faveur, en quelque sorte renouvelée, tient en si haute estime.

En applaudissant cette tendance à un retour qui nous paraît une preuve de bon goût, une franchise de nos instincts nationaux, d'accord avec des préférences que notre nom seul expliquerait, nous nous trouvons en quelque sorte obligé de commenter, au moins dans une certaine mesure, une allégation qu'il suffirait peut-être pour tout autre de laisser à l'état sommaire.

Nous aborderons donc nettement ce que, selon nous, l'on peut appeler la « restauration elzévirienne, » en indiquant ce qu'à nos yeux reste ce mouvement qui s'est produit vers le milieu de notre siècle pour prendre une extension assez sérieuse, et nous essaierons de le caractériser, de manière à faire ressortir aux yeux mêmes de ceux qui prennent part à l'évolution constatée, l'importance et la sagesse de leur action.

Il est indispensable de prévenir ici tout malentendu. Nous ne faisons et ne saurions vouloir faire aucune espèce de procès aux caractères dits « elzéviriens. » Garamond, qui les grava dans leur pureté originaire, sur l'ordre de François Ier, est une gloire française, et les types gravés par Jenson, un autre Français, sont, de même, une gloire toute nationale ; l'un et l'autre mode, expression d'un art exquis, n'ont pas à être comparés ici.

Le rapprochement des deux types exigerait une étude hors de cause pour ce que nous nous proposons de faire ressortir.

Ce que nous avons à faire observer, dès l'abord, se rattache à la fortune qui échut à chacun des deux genres, en France; parce que cette fortune, fort différente, est de nature à expliquer comment il s'est pu faire que, après deux siècles environ de déchéance, l'elzévier reparut parmi nous avec une fleur d'archaïsme qui, par un singulier contresens, y fut tambourinée comme un progrès.

Pour l'elzévier donc, qui retient son nom de l'adoption qu'en firent les Elzéviers dans les célèbres livres où ces éditeurs ont porté l'art typographique au haut degré de perfection que l'on connaît, et malgré le succès de ces libraires hollandais, son sort fut de tomber en désuétude assez rapidement chez nous pendant le xviiᵉ siècle. Pour l'autre tradition, que nous dirons latérale, quoique en réalité d'une antériorité marquée, mais enfin toutes deux florissantes au xviᵉ siècle, il fut loin d'en être de même. Que ce soit, comme nous le pensons, parce que la typographie des Estienne se trouvait plus en harmonie avec la logique habituelle du Français, pour lequel la beauté d'un texte doit se mesurer d'abord sur la facilité de la lecture, ce qui est certain, c'est que ce fut de ce côté que se manifestèrent les préférences du goût national; et que, les études suivies par les praticiens qui ont abouti au « classique, » étant le résultat d'un art typographique collectif, on peut observer, dans la chaîne ininterrompue de cette tradition, des progrès acquis lentement, judicieusement, délibérément, de la nature de ceux qui, d'ordinaire, constituent les choses définitives.

La typographie française, dite « de labeur, » n'a point discontinué à participer des principes vitaux qui font le charme de la librairie des Estienne au xviᵉ siècle. Faite pour la lecture facile, et, dût la qualité d'une impression économique et rapide tendre à y nuire, faite pour rester facile quand même, la typographie de labeur montre bien le sens préféré par nos tendances nationales.

Telle était donc la nature de la tradition pour laquelle le goût public paraissait avoir définitivement opté, et il semblait qu'il n'y avait plus qu'à suivre la voie où tant de progrès avaient été accomplis, en s'appliquant à éviter des nouveautés qui ne seraient pas justifiées, lorsque l'on vit se produire ce que nous appelons la restauration elzévirienne. Cette invasion quelque peu bruyante s'annonça en peu de temps comme si envahissante, que, il n'y a pas encore beaucoup d'années, on put appréhender, sans trop d'invraisemblance, d'être exposé, un beau matin, à recevoir son journal quotidien imprimé en elzévier.

Il y a, dans le domaine des arts et du goût, des tentatives qui s'expliquent; et lorsque l'on voit l'artisan s'éloigner des bons principes, il peut n'être point sans utilité de le ramener aux origines, de le remettre en présence des types initiaux et supérieurs, dont, par un affaiblissement successif, il aura eu le tort de s'écarter.

Était-ce là le cas en librairie, lorsqu'on vit se produire le renouveau elzévirien? ou plutôt, si l'on craignait de certaines défaillances, était-ce bien par la restauration de l'elzévier que l'on devait tâcher d'y remédier? Remonter si violemment en arrière, en annonçant cette reculade comme un progrès, n'était-ce point donner à penser que rien de bon ne s'était produit depuis l'elzévier, et que les préférences françaises s'étaient égarées depuis que celui-ci avait disparu? Bref, cette réapparition aura-t-elle été véritablement utile? Nous nous abstiendrons de toute affirmation sous ce rapport. Nous nous contenterons de signaler que la tentative était au moins téméraire, l'outrance d'un style n'étant point dans la mesure du génie français, d'ordinaire si pondéré. — Ce que l'évènement paraît maintenant prouver de plus en plus franchement, c'est que le goût public n'a point accepté les conséquences de la démonstration. — Après un premier engouement, on a eu à s'étonner de la composition de certaines bibliothèques, où, sous l'uniforme de l'elzévier, des auteurs des xvie, xviie et xviiie siècles et parfois de plus modernes encore, se rencontrent affublés de la même toilette, prenant tous une tournure archaïque, d'une préciosité quelque peu solennelle. On a été ainsi amené à comprendre que ce coin antique, infligé à tous, pourrait bien être l'affectation d'un certain faux goût, ce qu'en Angleterre on appelle : « improper; » et le flair délicat une fois en éveil, on est arrivé à conclure que, s'il y avait quelque logique d'art à

réimprimer, avec l'elzévier de son temps, Ronsard le Romain
écrivant : « Pourquoy donc que quand je veux, » la conséquence
de cette même logique est qu'il ne saurait en être de même
pour d'autres époques plus rapprochées, celle, par exemple, où
voltige un axiome alerte comme le : « Glissez, mortels, n'appuyez
pas! » auquel convient une musique de lettres plus facile et
moins pompeuse, que seule, d'ailleurs, a connue l'auteur.

Les Elzéviers, établis à Leyde d'abord, puis à Amsterdam, ne
datent que de 1616 ; mais en rappelant l'antériorité connue des
caractères auxquels leur nom reste attaché, nous avons voulu
bien marquer le véritable archaïsme de l'elzévier.

La formation du fonds est, pour les lettres capitales, la fermeté découlant du lapidaire des inscriptions romaines ; en même
temps que, par les déliés potencés à leur naissance, comme pour
assurer la solidité de l'attache, il semble que la rigidité de la
membrure rapproche cette capitale des ouvrages de serrurerie.
L'alphabet mineur est d'autre caractère et d'autre source : c'est
une cursive provenant directement des manuscrits. Elle devient
verticale ou légèrement inclinée, lorsque cette dernière est
« l'italique, » dont le nom générique est resté en usage.

De même que pour les premiers livres imprimés en caractères gothiques, modelés sur les travaux des scribes, l'idéal du
temps était resté ce qu'il avait été pour tant de générations :
« lire dans les textes écrits ; » de même, en se substituant au
gothique, la cursive typographique d'origine latine devait s'appliquer à faire croire au lecteur que son œil parcourait une
œuvre de scribe. Les premières typographies réussirent à con-
trefaire si adroitement le genre de ces travaux, en se produisant, en outre, imprimées sur vélin, que, comme on le sait, le
trafic des livres sortis des premières presses fut quelquefois
l'objet d'un commerce assez déloyal, le livre imprimé étant
vendu alors comme un ouvrage manuscrit.

La cursive latine, différente selon les époques des manuscrits, offrait des modèles à choisir : Jenson s'arrêta à un type,
Garamond le continua. Les Elzéviers altérèrent ces traditions.

La cursive elzévirienne n'est qu'une imitation très nette de
l'évolution du roseau chargé d'encre traçant une lettre, en usant

tour à tour du coupant pour l'attaque, puis pour les passages aux plénitudes, et enfin s'affirmant dans les épanouissements des courbes : celles-ci, lorsqu'elles sont des boucles finales, s'arrêtent court par un tour de main, et chargent la lettre à sa partie inférieure, comme on le remarque aux *e* et aux *c*, qui aboutissent en une pointe courte sans transition. Le jeu des fioritures est de même recherche, simulant la liberté capricieuse de la main du scribe. Les Elzéviers en adoptant les caractères de Garamond, les ont altérés, réduits à un type sec, quelque peu trop maigre, et donnant aux pages pleines une certaine uniformité grise, dépourvue de la vibration particulière de la lettre et du mot.

Dans l'ensemble d'une page de texte elzévirien, où l'ossification du caractère se dessine avec des différences trop peu sensibles entre des déliés courts et des pleins appauvris, et où, en outre, les fioritures sont plus ou moins développées, il arrive parfois que les mots se trouvent si peu séparés les uns des autres qu'il y faut regarder de près pour s'assurer que la ligne n'est point continue. Le mot n'ayant pas une valeur particulière suffisante, les interlignes étant trop étroits pour les tiges supérieures et inférieures qui s'y rencontrent, surtout lorsqu'il s'agit de l'italique aux approches si serrées, il arrive donc que les yeux, fatigués par le déchiffrement du caractère, finissent par voir le texte danser devant eux comme autant de formules d'apparence algébrique.

Encore une fois, nous ne faisons point de procès à l'elzévier en lui-même. Quant à celui qui circule, les modernes qui l'emploient, n'ayant pu résister à la nécessité d'en modifier quelque peu l'inégalité des répartitions, parfois si choquantes, et se rapprochant, sous ce rapport, de la composition du « classique, » on peut dire que c'est un produit amendé, plus ou moins frelaté. Mais cet amendement nous paraît insuffisant, parce que nous sommes convaincu que l'abandon de l'elzévier fut le résultat d'une option, basée sur le goût national qu'il importe de distinguer dans ces matières. De plus, cet abandon de l'elzévier a eu pour conséquence que ce genre n'a point participé aux progrès qui, dans la marche ininterrompue de l'autre tradition, ont

abouti au classique. De sorte que, et quels que soient les mérites
très réels de l'antique elzévier, il reste cependant une expression inachevée d'un mode auquel la nation française, en raison
de ses instincts, en a préféré un autre. Il nous paraît donc sage
et rationnel que, ces choses étant reconnues, la voie soit reprise
là où sont parvenus les résultats enfantés par l'expérience, par
le labeur judicieux de nos ancêtres; et qu'en la reprenant franchement aux époques des meilleures éclosions, on continue à
avancer dans ce sens, qui est celui, toute chose déjà bonne étant
encore perfectible, dans lequel doivent s'accomplir de véritables
et nouveaux progrès. Se rattacher aujourd'hui à ces traditions
saines avec les ressources de l'industrie moderne, pour mettre
maintenant aux mains du grand nombre le livre, dit « d'amateur, » le produit d'élite qui, jadis, dans sa perfection, ne pouvait
se trouver qu'entre les mains des privilégiés de la fortune, voici,
ce nous semble, un but national, nettement marqué, et une
marche sûre. Signaler l'évolution que l'on remarque en ce sens,
c'est, nous l'avons dit, en féliciter la typographie et la librairie.

Tout semble d'ailleurs présager que l'effort sera d'autant plus
fécond qu'il est conscient, s'appuyant sur des principes d'un certain raffinement même, qui contribueront assurément à une amé-
lioration que l'on sent déjà vivement dans nombre de productions.
On éprouve combien le goût se perfectionne lorsque l'on voit,
par exemple, des libraires, comme MM. Charavay, commenter
leur œuvre dans la bonne préface jointe au catalogue de leur
exposition, où ils s'expriment ainsi : « Dans le choix des caractères, nous avons proscrit les mariages des types différents,
refusant d'associer, par exemple, l'anglaise allongée à l'antique
carrée, l'elzévier au classique. Nous avons pensé que la variété
des moyens employés pour servir l'œil ne fait que l'embarrasser,
et que la pensée littéraire doit lui être offerte sous une forme
toujours simple. » Et sous le rapport de l'ornementation : « Nous
nous sommes efforcé d'établir constamment une harmonie entre
l'âge et le sujet des ouvrages et leur ornementation; c'est ainsi
que, dans la « Bibliothèque des Français, » les fleurons et les
culs-de-lampe qui accompagnent le texte de la Fontaine, sont
exécutés d'après des motifs du xviie siècle. »

La typographie du livre, dit « illustré, » avec le merveilleux contingent que lui apporte la photographie, prend une importance et devient d'une portée bien supérieure à tout ce qu'on aurait pu imaginer jadis. La justesse de l'image, sa sincérité, y acquièrent une telle autorité, qu'il faut aujourd'hui que toute la vieille librairie à images démonstratives soit refaite à nouveau. Rien de plus intéressant à observer que ce qui s'est passé à ce sujet pendant ces vingt dernières années. Depuis que des procédés de toutes sortes se sont attachés à traduire l'empreinte de la photographie pour la faire passer directement sous la presse typographique, soit qu'il s'agisse de représentations naturelles, ou de la reproduction des estampes, ou de celle des dessins originaux, bien des livres, illustrés par ces procédés, concurremment avec des gravures émanées du burin des graveurs sur bois, sont passés aux mains du public. A vrai dire, cette époque ne fut pas très brillante, et le temps fut assez long avant que, par le perfectionnement des meilleurs de ces procédés, et que par l'éviction successive des moins bons, il fût permis de rencontrer dans le livre illustré par ce compost, la cohésion nécessaire à toute œuvre de bon goût. On peut dire que le public, sentant tout l'intérêt de ces tentatives procurant des résultats si disparates, y a mis une véritable bonne volonté; mais ce qu'il y a eu de productions absolument dépourvues d'unité, riches de fautes de goût dans le rapport de choses faites de toutes mains, quoique destinées à s'avoisiner, de clichés de proportions dissemblables rapprochés comme à plaisir dans des pages de vis-à-vis, rendant tout boiteux, et par la facture du travail et par la couleur, cela est presque invraisemblable chez une nation comme la nôtre.

Voici, maintenant, ce qui se dégage de ce chaos momentané. Une découverte, une invention comme celle de la photographie, issue de la daguerrienne, était de trop d'importance, avec la justesse optique de son image latente, pour ne point fixer l'attention de tous ceux qui, parmi les éditeurs, s'occupent de l'image du livre. La séduction devait être irrésistible pour le commerçant entrevoyant la possibilité, non seulement de procurer à ses illustrations les avantages d'une justesse d'empreinte irréprochable, mais encore de s'assurer cette empreinte, à l'aide de procédés mécaniques, sans le secours du dessinateur et du graveur, c'est-à-dire avec une économie des plus importantes.

Il faut un certain temps pour juger sainement les grandes évolutions, et lorsqu'il s'agit d'une intrusion capitale dans l'industrie comme l'est celle de la photographie, il fut d'abord assez difficile, pour les gens des métiers séculaires, d'y reconnaître les avantages inhérents aux larges applications. Distinguer de suite la générosité du fond et y compter, cela eût été bien de la sagacité. En réalité, les manipulateurs des procédés, avec l'entrain toujours un peu bruyant de toutes les jeunes écoles, se présentaient comme venant alarmer bien des intérêts.

Ce fut une crise violente pour les graveurs sur bois que l'époque à traverser, pendant laquelle ils n'entendaient parler que de progrès mécaniques ayant pour but de supprimer la nécessité de leur burin. L'alarme était d'autant plus naturelle, que, pendant les premiers temps de cette épreuve, la photographie ne mettait pas encore sur leur bois même son image précieuse. Depuis qu'elle leur a procuré cette image, sans la traduction d'aucun crayon, ils ont pu reconnaître ce que maintenant ils peuvent en attendre. Un grand nombre des pauvres dessinateurs qui leur étaient indispensables sont restés sur le carreau, tués par l'appareil photographique, le soleil faisant désormais la plupart des dessins qui ne sont point d'imagination. Quant aux graveurs sur bois, pourvus de l'empreinte précise de la photographie avec toutes ses délicatesses, ils s'habituent à en faire valoir les finesses essentielles avec la liberté du choix du travail, à laquelle ils n'étaient point formés jadis. Assouplissant leur métier dans une mesure véritablement inattendue, et sachant d'eux-mêmes calculer les effets, ils sont devenus toute une école d'artistes précieux, due principalement à cette photographie qui se présentait d'abord comme venant les détrôner. Un Pisan, agissant en maître sur un lavis de Gustave Doré, avait bien pu faire valoir les avantages de cette liberté du travail laissée au choix du graveur, mais c'était là surtout l'affirmation d'un mérite personnel. Aujourd'hui, et grâce au rôle de la photographie, c'est bien toute une nouvelle école qui s'est formée et, sans sortir de notre exposition, on peut en apprécier la valeur par les travaux de Pannemaker, le roi du genre, dont l'*Illustration* exhibe quelques pages, et encore par la brillante exposition de M. Baude.

Ainsi que nous l'avons énoncé, avec les rectifications que la photographie apporte dans toutes les choses faites, tout est à refaire. Pour cette œuvre déjà immense, et qui va se grossissant chaque jour des éléments nouveaux apportés sans relâche par la photographie, le burin des graveurs sur bois est indispensable. Sa netteté et la finesse qu'il a acquise assurent au livre illustré sa plus belle unité, et le métier a, par lui-même, des fermetés telles que, sous bien des rapports, les manipulateurs des procédés de la mise en relief de la photographie d'après nature sont encore bien loin de pouvoir les égaler. Le soleil fait maintenant vos dessins, adroits graveurs ; vous voyez bien que cette alarmante photographie avait du bon ; vous voilà forts par elle, et par elle vous voilà désormais pourvus.

De ce que nous avons fait observer, à propos de la valeur qu'acquiert le livre au point de vue du fond typographique, des progrès si sensibles de la gravure sur bois, de ceux de la manipulation même des procédés de mise en relief, et en examinant d'un coup d'œil d'ensemble la librairie moderne et les plus récentes expressions de son goût, on peut inférer que le temps des productions hybrides est passé ; que l'on ne reverra guère ces recueils sans unité et sans discernement, annoncés parfois comme des merveilles, pour aboutir, comme la montagne, par l'accouchement de quelque laide souris. Que le cycle désolant de ce genre de productions reste donc désormais fermé ! La photographie a du bon, les manipulateurs en ont aussi, mais la direction d'un homme de goût en a également ; et le libraire s'apercevant de plus en plus qu'un recueil qui semble de hasard ne mérite plus le nom de livre, nous voyons avec plaisir que les éditeurs font intervenir leur intelligente direction avec plus d'efficacité que pendant la première période des essais. Ce qui se produit maintenant permet de présager une belle et bonne époque pour la librairie française. Elle est armée comme elle ne le fut jamais; le public s'y intéresse vivement, et, dans la voie où elle se trouve engagée, on peut tout espérer.

C'est la première fois qu'une commission unique aura eu à examiner des productions de nature aussi diverse que celles qui se trouvent réunies dans l'Exposition actuelle par le classement de l'Union centrale des Arts décoratifs. L'introduction franche et décisive de la photographie parmi nos industries séculaires est un fait accompli, et chaque jour nous voyons progresser les procédés qui tendent de plus en plus à la vulgariser. Il est donc bon et utile, qu'après leurs expositions particulières, où, depuis l'exhibition du cliché direct, servant de base à toutes les transformations ultérieures, jusqu'au tirage final de l'épreuve, on a été à même de suivre les développements de leur art, les photographes purs et les manipulateurs des procédés viennent aujourd'hui apporter leurs travaux pour qu'ils soient l'objet d'une appréciation comparative, dans le rapprochement qui en est fait avec toutes les autres industries qui produisent l'image.

Bien que, en raison de la variété des produits soumis à l'examen de notre commission, nous devions en quelque sorte nous interdire une trop longue insistance sur une branche d'industrie, nous croyons pourtant nécessaire, attendu la nouveauté de l'introduction de l'élément photographique parmi ceux de la librairie, de la gravure, de l'imprimerie, de nous y arrêter avec un certain soin. En conséquence du programme de l'Union centrale qui impose au jury le devoir de rechercher « le beau dans l'utile, » nous essaierons donc ici de priser la valeur d'art de l'estampe photographique dans sa pureté, et à sa suite celle des merveilleux résultats procurés par la substitution des éléments fugaces de l'impression solaire, remplacés aujourd'hui par les matières grasses de l'imprimerie ordinaire, procédé qui assure la fixation de l'image et concourt à une vulgarisation certaine, parce que désormais les produits satisfont aux exigences de l'économie commerciale.

La photographie avec sa justesse optique rend des services connus de tous, et qu'il serait puéril d'énumérer. Il ne saurait donc être question ici de ses qualités de fidélité sans égales, de son utilité, etc. En rapprochant l'estampe photographique des estampes du graveur sur métal, nous éviterons même un parallèle qui ne se pourrait supporter, comme le serait celui de la plus belle image photographique, en grandeur naturelle, regardée concurremment avec un portrait de Nanteuil. Tout le monde sait en effet que le plus heureux bain chimique n'équivaudra jamais aux partis pris savants d'un de Pesne ou d'un Marc-Antoine, résultats d'une haute éducation de tout autre ordre que celle nécessaire au maniement d'un art mécanique.

Quand Jacquemard emprunte à la peinture la silhouette d'un Wallace, comme on le voit ici même dans l'exposition de la *Gazette des Beaux-Arts*, et qu'avec un brio à la Van Dyck, dans un éclat dégagé, l'aqua-fortiste procure l'intensité de vie qui anime cette image, il fait une œuvre que le cliché le moins inerte de la photographie n'égalera jamais, aux yeux d'un véritable amateur d'art.

Le parallèle, nous ne l'essaierons donc qu'au sujet de ce que l'on peut appeler « la vertu des moyens, » et de la beauté d'art qui résulte de leur emploi pour la composition d'une estampe.

La photographie est assez robuste pour entendre de certaines vérités, au moins momentanées ; car avec elle, et en plus d'un point elle l'a déjà victorieusement prouvé, « il faut, ainsi que l'énonce le proverbe, ne jamais jurer de rien. » Eh bien, en l'état actuel, au point de vue de la beauté de l'estampe, et malgré toutes ses prodigieuses finesses, l'estampe photographique reste au-dessous de l'œuvre d'un artiste graveur ; et cela pour une raison capitale ; c'est que la gamme cependant si riche de ses tons est encore incomplète.

Nous laisserons de côté l'épreuve directe sur papier albuminé qui, avec son brillant irisé, ne composera jamais véritablement une belle estampe sur laquelle, selon les règles de la plus simple esthétique, les yeux doivent s'arrêter pour s'y reposer : produit périssable d'ailleurs. Ce qu'il importe surtout de rapprocher de l'estampe en taille-douce, c'est l'estampe produite par la photogravure, et celle que l'on tire directement sur la gélatine. C'est avec ces produits, chez lesquels s'affirme en s'aggravant le défaut initial, que l'on peut apprécier combien la gamme photographique est incomplète, et combien elle diffère de ce qu'au contraire la taille-douce réunit d'avantages dans le concert de ses rapports.

Ce qui détruit l'équilibre de l'estampe de la photogravure sans retouches ou de la gélatine, c'est que dans son ensemble les parties lumineuses et celles de demi-ton ne sont pas soutenues, mises en valeur suffisante, par les parties opposées, celles ombreuses, où les variétés de la palette manquent. On sait avec quelle maestria le génie d'un Rembrandt a su tirer parti, pour en faire vibrer tous ses clairs-obscurs, de la surcharge de l'encrage du tampon de l'imprimeur en taille-douce, et comment les plus sombres de ses clairs-obscurs sont rendus parfois les plus translucides par la hardiesse de la touche.

La défectuosité de la photogravure, tous les graveurs la connaissent bien, puisque, lorsque toutes les finesses sont transportées sur le métal, on a recours à leur burin pour y obvier. Il en est même aussi pour de certaines puretés, pour les limpidités des ciels, par exemple, que le graveur a grand soin de faire réserver entièrement lorsque, comme on en use couramment aujourd'hui, l'artiste demande à la photographie l'empreinte bitumineuse d'une peinture à copier, empreinte qui lui donne un premier état de gravure.

Avec l'épreuve obtenue sur la gélatine, laquelle ne supporte pas de retouches et est insensible aux morsures, l'incomplet de la gamme est encore plus évident. En pourrait-on pratiquer d'ailleurs, que ces retouches seraient inutiles, puisque, avec le rouleau d'encrage de la lithographie, tout d'adhérence, pour lequel toute pénétration est impossible, avec lequel il ne peut y avoir de surcharge, le résultat, d'une si remarquable finesse et d'une si précieuse ténuité dans les lumières et les demi-pénombres, aboutit, dans les parties qui devraient seconder cette ténuité, à des tons sourds, d'une matité lourde, sans vibration propre ; et, peu importe que le noir de ces ombres soit plus ou moins puissant, sa plénitude est toujours entachée d'inertie.

En passant, et puisque nous sommes dans l'exposition du papier, nous ferons remarquer que ce défaut, qui va s'augmentant, selon le mode du procédé qui transforme l'épreuve directe

du cliché photographique, nous apparaît nettement comme étant
inhérent au papier même. Les agrandissements des portraits,
auxquels il faut apporter tant de retouches pour les mettre en
valeur et les rendre présentables, le prouveraient à eux seuls. En
passant donc, nous indiquerons aux chercheurs que, l'appareil
optique donnant les rapports pittoresques dans toutes les vibra-
tions, c'est par la sensibilisation de quelque nouveau papier que
l'on doit espérer compléter l'image photographique. La vibration de l'épreuve sur verre du stéréoscope, d'un tout autre fini
que l'épreuve sur papier, démontre bien que c'est au papier
employé que doit être attribuée l'imperfection du rendu de l'optique.

En dehors donc de la question du discernement, qui est le
propre de l'artiste, et que le meilleur objectif ne saurait avoir,
ce que nous avons appelé « la vertu des moyens » demeure jusqu'à présent avec le plus de puissance et de charme, aux mains
du graveur en taille-douce, en tant qu'il s'agit de l'ensemble de
la composition d'une estampe, de l'unité des parties correspon-
dantes nécessaire à toute véritable œuvre d'art. Nous pensons
qu'en surexcitant l'émulation, et en indiquant les conditions qui
déterminent le beau, nous donnons du réconfort aux graveurs
au burin, qui ne sont point sans en éprouver quelque besoin ;
tout en indiquant aux photographes, — ce qui ne peut que leur
être utile, — dans quel sens ils doivent maintenant agir pour
compléter leurs productions déjà si merveilleuses.

La comparaison qui est faite, et qui naissait naturellement
du voisinage de la gravure et de la photographie, est tout artistique et ne saurait entraver l'action de cette dernière. Nous sa-
vons tous que maintenant l'on combine les moyens, et que de
ces commissions sortent des images charmantes, obtenues avec
une facilité singulière, que nos pères ont été bien loin de jamais
soupçonner.

Une appréciation de principe sur le beau absolu ne saurait
nuire aucunement à la haute estime que mérite l'image photographique imprimée par les encres grasses. Si la gamme est
encore incomplète, si même cette imperfection doit se prolon-
ger pendant un certain temps, cela n'infirme en aucune façon

l'énormité du service rendu, celui qui fixe enfin dans nos mains
des empreintes que, pendant des années, il a été d'un tel dé-
boire d'y voir s'anéantir, s'effacer, disparaître. Les photographes et les manipulateurs des procédés ne dussent-ils jamais
faire un pas de plus, — ce qui serait bien étrange avec l'activité
qu'on leur connaît, — que l'état actuel de leurs résultats suffirait
aux besoins de la plus belle vulgarisation qui ait jamais existé.

Pour résumer nos considérations générales, basées principalement sur l'étude des principes du « beau », et du « goût »,
tels qu'ils nous semblent devoir être appliqués selon les diverses
industries soumises à l'appréciation du jury, principes d'autant
plus faciles à observer que l'industriel dispose aujourd'hui de
moyens perfectionnés dans une mesure qu'il ne lui avait pas
encore été donné de connaître ; enfin pour clore cette introduction par une affirmation directe, se rattachant à ce qui a été dit
d'une manière générale au sujet de la qualité du goût qui se
manifeste dans le livre moderne, nous citerons ici une œuvre de
librairie que le jury, captivé par un véritable charme, a examinée
avec la plus sérieuse attention.

Dès longtemps déjà (aux premières époques de l'imprimerie
même), on s'est occupé de chromotypographie, et les impressions typographiques en couleurs, entre les mains de Silbermann
qui, de nos jours, les a pratiquées sur une large échelle, ont
fourni des résultats plus ou moins satisfaisants, paraissant surtout économiques. — Cette industrie fait maintenant de réels
progrès, et la Société anonyme de publications périodiques, ainsi
que la maison Quantin, en produisent d'intéressants spécimens.
— Les jeunes et vaillants directeurs de la maison Lahure en ont
exposé également et en nombre. Parmi les types variés de
chromotypographies de valeur inégale exécutées pour le commerce, couvertures de livres, gravures destinées à des catalogues
de marchands, etc., il a été donné à la commission d'éprouver
la joie de rencontrer une véritable perle, et de reconnaître, en
feuilletant le livre qui lui a causé cette impression, que, comme
cette œuvre était le résultat d'efforts intelligemment combinés,
conscients dans toutes les parties, on en devait inférer que ce

livre devenait le véritable prélude d'une ère charmante pour la librairie.

Le *Conte de l'Archer* allie à une composition typographique des plus distinguées, bonne depuis le titre jusqu'à la fin, l'aimable symphonie de vignettes légères ayant l'apparence spirituelle de faciles aquarelles. Cet égaiement des pages d'un livre imprimé sur papier du Japon a été tenu dans une gamme discrète, sur des nuages de tons fugitifs et exquis, dont il faut féliciter l'artiste, M. Poirson, qui les a indiqués, en même temps que M. Gillot, l'auteur des procédés grâce auxquels, sous la presse typographique, ces tons légers conservent toute l'apparence de la liberté du pinceau. Le moyen diffère essentiellement des expédients employés jusqu'à ce jour. On ne perçoit ni les hachures dont les Anglais font usage, ni les stries régulières habituelles aux Allemands. Le procédé est photographique et manié avec une adresse particulière, d'où résulte une finesse et une tournure alerte toutes françaises.

Le *Conte de l'Archer*, produit par la coopération des industries séculaires et des perfectionnements les plus récents, a été, et sans aucune hésitation, mis par la commission en première ligne parmi les productions de la librairie. Il en est l'expression la plus nouvelle, et de toute façon, parmi les nouveautés, la plus satisfaisante.

Un dernier mot avant d'entrer dans les classifications particulières, au sujet des récompenses que les jurys sont chargés, soit de décerner eux-mêmes, soit d'indiquer au jury général qui, seul, dispose des médailles d'or.

Le règlement des expositions de l'Union centrale met hors concours tout exposant qui a obtenu une médaille d'or en quelqu'une de ses expositions antérieures, et en y comprenant les expositions internationales.

L'Union a voulu, en écartant du concours les supériorités consacrées, que la lice réservée aux jeunes efforts fût toujours embellie de la palme suprême, conservée verdoyante, à la portée de toutes les espérances. Le danger de cette mesure généreuse était qu'une fois la notoriété acquise, les lauréats heureux s'abstinssent de reparaître dans des expositions qui, pour la plupart d'entre eux, deviennent une source de dépenses inutiles, prenant parfois les proportions d'un véritable sacrifice. L'événement prouve que cette crainte eût été chimérique. Le point d'honneur industriel est vif en France ; et on en voit la preuve dans cette exposition, dont l'éclat est dû en si grande partie à la présence des industriels désintéressés, mis hors concours par leur supériorité même. En constatant que ces courageux qui reviennent ainsi, en affirmant leur supériorité, légitimer de nouveau, en quelque sorte, les récompenses dont leurs travaux ont été l'objet, nous croyons devoir, au nom du jury, et en les désignant nommément, leur en adresser ici un remerciement public. Comme, en même temps, nous croyons aussi qu'il est utile de faire remarquer aux concurrents des diverses classes que, sans infirmer la valeur des récompenses qui peuvent leur être décernées, la plus élevée même ne saurait comporter l'idée d'un avantage remporté sur un confrère hors concours. La médaille d'or est un *dignus intrare* parmi ceux dont la supériorité a été consacrée, la marque de l'ascension à un certain niveau où, dans l'Union, le concours cesse.

Les exposants hors concours des cinq classes désignées sont :

MM. Braun et Cie, photographie.

J. Bezault, papiers peints.

Chardon, taille-douce.

Dalloz, Société anonyme de publications périodiques.

Danel, imprimerie.

Delagrave, librairie.

Ducher et Cie, librairie.

Engel et fils, reliure.

Firmin-Didot et Ce, librairie.

F. Follot, papiers-peints.

Gillot, photogravure.

Gillou et Fils, papiers peints.

Godchaux et Cie, imprimerie.

Gruel et Engelmann, reliure.

Jouaust, librairie.

MM. Lemercier et Cⁱᵉ, imprimerie.
    J. Lévy, photographie.
    Lièvre, librairie.
    Marion, papeterie.
    Marius-Michel et Fils, reliure.
    Vᵛᵉ Morel et Cⁱᵉ, librairie.
    Morel, Bercioux et Masure, papiers filigranés.
    Nadar, photographie.
    Quantin, librairie.
    A. Quinsac, phototypie.
    Turquetil, papiers-peints.

Enfin M. C. Relvas, qui n'est point Français mais Portugais, faisant de la photographie et de la phototypie en grand seigneur, et qui prête à l'Exposition un riche concours, augmenté encore par les productions charmantes de Mˡˡᵉ Relvas.

Nous devions le salut que nous donnons à tous, en appuyant particulièrement sur le dernier, adressé à un étranger et à une femme.

LA PHOTOGRAPHIE

Quoique la photographie soit classée par le programme de l'Union centrale à la suite des diverses industries à examiner, comme nous la retrouverons, directement ou indirectement, dans la plupart de ces industries, nous nous en occuperons dès maintenant; et, pour en faciliter la revue, nous grouperons les exposants de cette classe selon la nature de leurs travaux.

La photographie d'abord, initiale des transformations, et dont la perfection est d'importance capitale pour la qualité des produits qui en résultent ;

Puis, tout ce qui concerne les procédés transformateurs.

En général, les manipulateurs de quelque distinction sont eux-mêmes d'excellents photographes, opérant sur leurs propres clichés pour plus de sûreté. Mais les photographies d'atelier, sans parure, ne sont point des produits d'exposition. Il importe, cependant, que la qualité du manipulateur soit reconnue dans toute son ampleur.

Pour être mécanique, la photographie n'en est pas moins un art, et si la perfection du produit chimique importe à la valeur des transformations que le cliché primitif aura à subir pour la vulgarisation, il est encore une qualité indispensable à l'excellence de l'empreinte, c'est l'entente de la perspective, une mise au point qui évite les déformations produisant dans les représentations architecturales les faux aplombs, et, dans le portrait, ces exagérations de l'optique qui ont enfanté la collection inoubliable de tant de mains grossissantes et la projection de tant de pieds énormes. Le photographe qui sait choisir un aspect de nature à faire valoir les choses et les gens, souvent au prix d'efforts compliqués, comme lorsqu'il s'agit, par exemple, en ne pouvant user que d'un recul insuffisant, de faire rentrer dans le cadre d'une lentille, de grandes lignes architecturales extérieures, ou lorsque l'objectif ne peut agir que dans un intérieur, ce photographe, disons-nous, est un artiste.

De l'ensemble des produits exposés, on peut conclure que le progrès est général sous ce rapport. Il n'y a pas encore longtemps (et d'ailleurs tout est jeune avec la photographie) que les constructeurs de machines ne voulaient à aucun prix que leurs modèles établis fussent gravés d'après le linéaire des photographies. L'image optique était la plupart du temps si défectueuse, et donnait une idée si fausse de l'original, qu'eux-mêmes ne le reconnaissaient plus. Aujourd'hui les modèles établis ne se gravent plus guère que d'après des photographies, et il n'est pour ainsi dire plus de praticien photographe qui n'ait l'entente de la mise au point en bonne perspective.

Ce progrès, heureusement de plus en plus marqué, on peut dire que les photographes ne le doivent qu'à eux-mêmes; car jusqu'à présent, et nulle part en France, où l'on distribue si largement aux industries de l'art ornemental l'enseignement du goût et des bons principes, on n'a ouï parler d'un enseignement quelconque concernant les photographes. L'enseignement des principes, dont la connaissance serait si utile pour le développement du sentiment artistique que l'opérateur doit réunir à l'instruction pratique, ne pourrait pourtant avoir que de bons fruits. Il est à croire que si, depuis quelques années, une intervention éclairée s'était produite dans ce sens, on rencontrerait moins de ces images défectueuses qui, si souvent, sont la principale ornementation de l'humble logis. Une industrie qui a su acquérir l'importance de la photographie, est nécessairement appelée à participer aux bénéfices de l'éducation supérieure dont les gouvernements disposent.

Par l'ensemble du personnel qu'elle emploie, par les produits qu'elle utilise et transforme, par les capitaux qu'elle met en mouvement, et qui, en 1878, se sont chiffrés, pour la France seulement, à la somme de 30 millions, ce qui s'explique par la quantité des petits ateliers disséminés dans toutes les villes, on peut juger de l'importance de la photographie. Que l'on considère l'ampleur de ce rôle commercial, qu'on y joigne l'intérêt que doit exciter un art si utile par le contingent qu'il apporte à tant d'industries, pour lesquelles tout progrès artistique, fécond en améliorations, est d'un grand prix, et on comprendra que les vœux que l'on peut former sur ce sujet sont suffisamment légitimés.

Lorsque l'on considère les portraits exposés par **M. Nadar**, par **M. Chalot**, par **M. Van Bosh**, il serait également inutile d'insister sur les avantages qui résultent de l'alliance du sens artistique et de l'éducation spéciale. Dans le choix de la pose, la distribution des effets, dans toutes les phases successives qui conduisent l'œuvre à son achèvement, on reconnaît l'homme de goût qui, disposant de la lumière, en dirige la répartition, et l'homme de métier sachant combiner tous les moyens qui concourent à l'ensemble ; habile aux sacrifices mêmes lorsque la perfection le demande. Quand la bonne fortune de la réussite complète vient s'ajouter à leur œuvre et lui donne tout l'éclat et le charme que le genre comporte, on éprouve, en examinant ces trois expositions, l'émotion saine que procurent les véritables œuvres d'art.

M. Feilner (de Brême) fournit, pour sa part, des arguments éloquents à ceux qui se plaisent à reconnaître dans le goût d'un photographe plus qu'un instinct artistique. C'est l'expression d'une fine observation que les vingt-quatre charmants portraits représentant la même personne, sous des aspects et dans des attitudes dissemblables, et qui, produits sous un même format et rapprochés, offrent autant d'études, exprimant ce que les artistes savent si bien au sujet du jeu à l'infini de la physionomie humaine, si constamment variable. Une seule personne a suffi pour ces vingt-quatre effigies obtenues dans le même atelier, avec le même appareil ; elle en pourrait encore fournir autant et plus sans fatiguer l'attention. La commission sait gré à M. Feilner de l'avoir démontré par des photographies de bonne qualité. Son œuvre est originale et utile.

Nous retrouvons des efforts soutenus dans les épreuves de moyenne et de petite grandeur exposées par **M. Reutlinger, M. Pirou, M. Vathys, M. Gougenheim**, pour qui elles ne sont que le prétexte de charmants émaux. En ce qui concerne les agrandissements, les épreuves demandent une retouche qui paraît toujours exagérée; une œuvre de dessinateur s'y superpose sur l'œuvre de la lumière. Le procédé ne saurait-il donner de bons résultats sans ces retouches si faciles à constater, et dont on paraît s'abstenir si difficilement?

La photographie disparaît d'une manière encore plus complète, si au crayon du retoucheur on substitue le pinceau du peintre. Toute la valeur du portrait se résume alors dans le talent discret du peintre qui a su, en respectant l'empreinte photographique, lui procurer un nouveau charme sans en altérer la vérité. Un gracieux portrait de Mme Théo, exposé par M. Nadar, des agrandissements monochromes de ce même artiste, ceux de M. Chalot, montrent ce que peut donner la bonne application de ces procédés de retouche et de peinture. Un joli cadre, où sont disposés avec goût des portraits de dimension moyenne, prouve également le charmant parti qu'un artiste habile peut tirer de ces moyens, qui ne se peuvent apprécier que selon la mesure avec laquelle on en use. C'est ainsi qu'en admettant à son examen **M. Rebo des Montifs**, qui expose ce dernier et agréable cadre, la commission a pourtant écarté certaines productions, dites « oléographiques, » dans lesquelles la photographie disparaissait sous la lourde charge d'une peinture à l'huile.

Les colorations laissant apparaître la photographie, souvent même simplement partielles, et contribuant à donner une idée plus complète, plus exacte de l'objet représenté, sont en usage pour certains produits industriels. Cette addition, comme le montre **Mme Gouin**, en exposant côte à côte une épreuve coloriée partiellement, et la même en simple photographie, destinées toutes deux à l'enseignement, doit encore être jugée sur sa mesure. C'est en restant dans cette juste mesure, comme le fait Mme Gouin, que l'addition coloriée est utile. Aujourd'hui, la photographie fournit encore bien des ressources aux peintres miniaturistes, ressources qui ne peuvent que s'augmenter dans une large proportion par la retouche et la peinture des épreuves.

Dans une collection nombreuse de petits cadres, **M. Edgar de Saint-Senoch,** qui pratique la photographie en amateur distingué, expose une série de figures du monde du théâtre, dans des costumes parfois excentriques, mais agréablement portés et toujours bien présentés. C'est une source à la Watteau. Il y a joint plusieurs groupes de bohémiens saisis sur le vif, et quelques vues intéressantes, monuments et paysages, prises en Espagne.

En dehors du portrait et de cette branche principale d'exploitation, celle qui donne à quelques privilégiés les plus gros bénéfices, nous trouvons, comme une application non moins intéressante de la photographie, la reproduction des œuvres d'art, de l'architecture et des paysages.

M. Braun et **M. Lecadre** se sont surtout adonnés aux premières. L'œuvre de M. Braun se distingue plus particulièrement par la recherche dans tous les pays des œuvres artistiques anciennes et modernes émanées de la main des maîtres ; on y trouve, à côté des Michel-Ange, des Raphaël, des contemporains comme Chaplin, Carolus Duran, etc. Les épreuves sont faites avec grand soin, par le procédé dit « au charbon, » leur assurant, selon le photographe, une durée qui égalerait celle des gravures et des dessins ordinaires.

M. Lecadre semble s'attacher de préférence aux œuvres exclusivement modernes. Le soin avec lequel sont faits ses clichés lui permet, le plus souvent, de triompher des difficultés que présente la reproduction photographique de couleurs dans tout leur éclat, et de laisser à peu près à chacune l'intensité relative qu'elle doit avoir dans l'ensemble d'une reproduction monochrome.

L'architecture est représentée avec un éclat particulier par **M. Durandelle,** dont les belles photographies, sans déformations, malgré les difficultés d'emplacement pour l'appareil et la dimension des clichés, représentent les nouvelles installations du Comptoir d'Escompte, les grands guichets de la place du Carrousel, les intérieurs du nouvel Hôtel-Dieu, l'abbaye du mont Saint-Michel.

C'est avec un éclat de même sorte que **M. Lampué** rappelle, par une grande épreuve directe du bas-relief de Rude, la remarquable série qu'il a faite des principaux monuments de Paris. Il affirme encore les services que la photographie rend à l'architecture, par de nombreux albums de plans et d'études émanant de l'École des beaux-arts.

M. Fiorello est encore de ceux qui se distinguent par le « bien planté » des vues d'intérieur, dont il produit un certain nombre en des clichés de dimension restreinte.

D'autres opérateurs, amateurs ou photographes de profession, se sont attachés à faire des monographies.

Le caractère monographique imprimé à un recueil d'images, complété par une dissertation circonscrite, est un des plus sérieux et des plus féconds pour l'étude. Qu'il s'agisse d'un siècle ou d'un monument, d'un *genre* du domaine des arts, d'une *espèce* du monde de la science, la monographie, qui épuise le sujet, produit tout ce qui l'intéresse étroitement et le montre sous tous les aspects caractéristiques. Si, par exemple, le but est la représentation d'un mode architectural, la plastique d'une époque, un style national dont les répercussions peuvent s'étendre jusqu'aux objets familiers, la monographie, s'appuyant sur la certitude photographique, arrive à l'apogée du genre. Les opérateurs qui agissent en ce sens, poursuivant l'unité d'une œuvre, sont peut-être les plus intéressants de tous. Mais si une monographie est particulièrement utile pour répondre aux désirs de l'homme d'étude, elle n'est pas toujours facile à réaliser : l'obtention de l'image peut être hérissée de difficultés, et il est des cas où les représentations nécessaires de constructions architecturales, relevées dans la quasi-obscurité de salles mal éclairées, ne peuvent être produites qu'avec peine par le photographe. Il ne saurait, en ce cas, avoir la satisfaction de donner une épreuve réunissant à l'intérêt de ses affirmations le charme qui ajoute à l'attrait de l'étude.

M. Carlos Relvas, dont l'œuvre est toute portugaise et dont le choix est celui d'un véritable archéologue, est de ceux dont les travaux prennent le caractère d'une monographie, toute à l'honneur de son pays, dont il nous montre l'art si riche en des pages qui, dans leur précision optique, sont presque des révélations. Mais comme, heureusement, M. Relvas fait imprimer par les encres grasses ses belles photographies, nous le renvoyons à la seconde partie de ce chapitre.

La monographie de l'art en Saintonge, dont **M. Julien de la Ferrière** a fait un ouvrage complet en en fournissant le texte, et dont les épreuves sont gravées par **M. Dujardin,** serait encore dans le même cas ; cependant nous la retenons ici, pour en faire remonter le prix principal à l'auteur, qui en a fourni les bonnes photographies.

M. Aillaud, photographe à Albi, produit une monographie de la cathédrale de cette ville. Cet ouvrage est de ceux dont nous avons signalé les difficultés, provenant du manque de lumière. M. Aillaud a réalisé en partie ce que l'on regardait, avant lui, comme impossible. Le jury devait en tenir compte, en considérant comme très précieux les résultats obtenus.

Enfin, c'est également une monographie sur l'Aunis et l'Anjou, que **M. Robuchon** a illustrée de photographies du même genre. Toutefois, les difficultés étant moindres, les résultats, de même utilité, sont plus agréables, et c'est un ouvrage de bonne tenue.

Bien que les photographies de genre et de paysages semblent rentrer surtout dans le domaine des amateurs et des touristes, cette application est cependant l'objet de travaux poursuivis par quelques photographes de grand mérite, à la tête desquels se distingue **M. J. Lévy.** Sa spécialité pour les épreuves stéréoscopiques sur verre défie toute concurrence, en France comme à l'étranger, et son immense collection, prenant les proportions d'une splendide encyclopédie monumentale et pittoresque, comprend les points de vue des pays les plus divers, sans compter ceux de la voûte céleste même. Chaque année, et au prix de grands sacrifices, cette collection s'augmente.

Les épreuves stéréoscopiques de M. Lévy sont d'une finesse, ont une valeur de coloration, une limpidité, que l'on rechercherait vainement dans les rares produits similaires ; et lorsque le tirage stéréoscopique est remplacé par le tirage d'épreuves pour projections, on comprend ce que reste encore cette collection si considérable avec le fonds de son instruction générale, dans lequel professeurs et conférenciers viennent puiser. M. Lévy ne s'est pas limité à ces petites épreuves sur verre, il produit également de grandes et belles épreuves sur papier, très recherchées par les touristes. Ce photographe par excellence est un des plus brillants représentants de la corporation; doublement hors concours, et par les médailles d'or qu'il a reçues, et par sa qualité de membre de notre jury, nous ne pouvons que rappeler son mérite, en signalant l'importance tout exceptionnelle de son œuvre.

Dans le même genre, **M. Neurdein** limite sa production aux épreuves sur papier; sa collection ne dépasse guère la France et l'Algérie, mais elle est remarquable par le choix des sujets; quelques études, prises sur nature, sont de vrais petits tableaux; les tirages, d'un ton agréable, sont parfaitement soignés. Tout dans cette exposition dénote le photographe habile et l'homme de goût.

Les amateurs et les touristes font bonne figure à côté des maîtres, et le charmant passe-temps de la photographie est apprécié même par les dames, actuellement surtout que les progrès dans les manipulations mettent les personnes qui s'en occupent à l'abri de ces taches et de ces préparations désagréables qui pouvaient les en éloigner autrefois. Mlle **Marguerite Relvas,** en envoyant de Gollega (Portugal) une suite de sujets de tous genres, entre autres des troupeaux en marche, des types, des costumes, etc., formant une exposition très complète, se montre la digne élève de son père. Ses photographies sont charmantes, et elle apporte dans les études de la nature, qu'elle affectionne, autant de zèle et de goût que M. C. Relvas en montre pour la reproduction des sujets d'art décoratif.

Une autre dame, Mme **Carla Serena,** a exposé des photographies provenant du Caucase, et de ses parties si inexplorées, que n'ayant pu trouver aucun photographe pour l'accompagner, elle a dû se pourvoir à la hâte de l'outillage et des ingrédients nécessaires, et, encore tout étrangère au métier, s'y former sur place, pour obtenir les épreuves qu'elle a rapportées. Ces renseignements intéressants ont été gravés pour le *Tour du Monde,* publié par MM. Hachette, où Mme Serena raconte son voyage; nous pensons que ces esquisses, agréables pour des artistes, mais se ressentant vivement de l'inexpérience de leur auteur, ont reçu la meilleure des récompenses qui leur convient, par la publication qui en a été faite.

Le Caucase sort avec un autre éclat des mains de **M. Ermakoff**: sujets de tous genres, sites pittoresques, ruines anciennes, richesse d'armes et d'étoffes, types singuliers. C'est une conquête bien attrayante pour le photographe, et en même temps assez pénible, avec les difficultés inhérentes à l'éloignement de tout centre d'approvisionnement photographique. Ces soucis n'ont cependant pas empêché M. Ermakoff de réussir parfaitement dans son entreprise, ainsi que le montre la série des épreuves exposées.

L'extrême sensibilité, que de récents progrès ont donnée aux préparations, a modifié considérablement les conditions de l'image photographique faite en plein air. En égard au passé, la vie y succède maintenant à l'immobilité, à la solitude, et la pose de l'objectif peut être d'une durée de temps si imperceptible, l'instantanéité si réelle, que l'on ne craint plus la présence de gens ou d'objets en mouvement.

Aux épreuves de ce genre exposées par Mlle Relvas et par M. Neurdein, déjà cités, s'ajoutent celles obtenues par **M. Morizet**, par **M. Hauguet**, par **M. Jouet**, et les remarquables marines de **M. Grassin**, amateur à Boulogne-sur-Mer. Les photographies instantanées de M. Grassin sont, à notre connaissance, les plus grandes qui aient été produites jusqu'ici. Elles représentent la mer en mouvement, les navires en pleine marche, des vues animées du port de Boulogne, et, malgré toutes les mobilités, l'impression du cliché a été si rapide, que les détails mêmes conservent la plus grande netteté.

L'amateur en photographie, lorsqu'il est un chercheur parvenant à des perfectionnements non encore obtenus par les photographes de profession, lorsqu'il peut être ainsi l'initiateur à des méthodes nouvelles, le promoteur d'un progrès, l'amateur en photographie excite d'autant plus l'intérêt qu'il sait joindre à ses mérites celui de la divulgation de ses moyens. C'est rendre service à tous, et nous espérons que M. Grassin communiquera son procédé, dont son exposition montre toute la sérieuse valeur. C'est ainsi qu'en agit **M. Balagny,** qui ne se contente pas de produire ses études d'arbres dans la forêt de Fontainebleau, ou ses paysages du littoral de la

Méditerranée, mais qui fait connaître les perfectionnements d'opération qu'il y apporte, et rend ainsi de bons services à ses collègues.

De même que M. Balagny, **M. Stebbing** a voulu contribuer aux recherches faites pour remplacer par un autre subjectile ou support les glaces lourdes et fragiles qui reçoivent, ordinairement, les préparations, et il a exposé de nombreuses épreuves négatives, faites par ses soins sur des pellicules minces, incassables, supprimant complètement l'emploi du verre. Les épreuves positives, mises en regard, prouvent que ce procédé n'enlève rien à la perfection de l'image.

Les travaux sédentaires ont leur intérêt comme ceux exécutés dans les excursions lointaines. **M. Ravet** (de Surgères), répondant à l'invitation de l'Union centrale, a envoyé diverses photomicrographies montrant que les études scientifiques peuvent, avec profit, se relier aux recherches artistiques. Dans les linéaments des coupes de bois exposées, et surtout parmi les reproductions des diatomées, dont le diamètre est agrandi dans la proportion de 800 à 1,000, l'artiste peut, en effet, puiser l'exemple de structures d'une merveilleuse régularité, de riches modèles de guillochage.

Des procédés de transformation de la photographie.

L'examen des productions des divers procédés nécessiterait des explications technologiques que ne comporte pas cependant un compte rendu de caractère général. De notre part, d'ailleurs, des explications de ce genre ne sauraient être que des redites. L'histoire des procédés dérivés de la photographie, depuis leur initiation jusqu'aux manipulations les plus modernes, est faite. Lorsque des documents de la valeur du Rapport du Jury international de l'Exposition universelle de 1878 (Section de la photographie), et du récent et émouvant opuscule adressé à la Société de secours des Amis des Sciences, au sujet de Poitevin, sans compter encore bien des écrits sortis tous de la main si compétente de M. Davanne, vice-président de la Société française de Photographie et vice-président de notre commission, dont assurément on doit bien sentir la nécessaire intervention dans cette partie de notre travail, lorsque de pareils documents existent, on ne saurait qu'y renvoyer.

La photographie d'après nature se transforme en planches gravées en creux pour l'impression en taille-douce; également, à bref délai, elle fournit des planches de même sorte reproduisant les eaux-fortes, les gravures, les crayons et les peintures, sans qu'il soit besoin de l'interprétation des graveurs.

Elle a étendu cette action par des procédés qui permettent une impression analogue à celle de la lithographie. Au moyen de la lumière reçue sur une couche de bitume de Judée ou de gélatine bichromatée, on obtient sur cuivre, glace, zinc, étain, pierre, papier même, une image que l'on encre par le rouleau lithographique. Cette image, soit directement, soit par report, reproduit indifféremment les contours d'un simple calque, les plans de l'ingénieur, les dessins du topographe, et jusqu'aux modelés les plus délicats des dessins d'artistes; ou même des épreuves obtenues directement d'après nature par l'action de la lumière.

Si ces procédés, encore nouveaux, donnent des résultats auxquels manquent de certaines perfections, on peut espérer qu'une application de plus en plus large contribuera à accélérer la marche même de ces méthodes engagées dans une voie progressive. Leur emploi est déjà d'un développement manifeste, comme on peut s'en convaincre par l'examen du Livre et de l'Image, tels que les montre l'Exposition.

Au point de vue de la vulgarisation la plus économique, les procédés qui procurent la transformation d'un cliché photographique en une planche gravée en relief, propre à l'impression typographique, demeurent les plus importants de tous.

Parmi les hommes qui ont contribué à réaliser les progrès de ce genre, **M. Gillot** se place en première ligne. Digne successeur de son père, dont les travaux ont apporté de si profondes modifications dans le principe des illustrations typographiques, et qui a laissé son nom au *Gillotage,* c'est-à-dire à tous les traitements par les acides de la mise en relief, M. Gillot, étendant les recherches paternelles, s'applique depuis plusieurs années à la reproduction des originaux les plus divers. Ses travaux sont représentés dans l'exposition, non seulement par des reproductions noires ou coloriées des dessins de maîtres du Louvre, obtenus si économiquement par la presse typographique, mais encore, et en dehors de son exposition personnelle, dans la plupart des sections du Livre illustré et de l'Image, dont la typographie est la base. Particulièrement, et comme un résumé exquis de ses moyens, à l'heure actuelle, dans le joli « Conte de l'Archer, » à propos duquel nous avons signalé l'importance de sa collaboration.

Les nombreuses récompenses de premier ordre, depuis longtemps obtenues par M. Gillot, le placent hors tout concours. Peu d'hommes auront rendu des services d'une aussi large généralité que MM. Gillot père et fils, et le second Gillot, en poursuivant avec autant de zèle et aussi heureusement pour le public des résultats procurés par une telle transmission directe d'expériences, en suivant la voie héréditaire avec un tel amour, comme pour réaliser ce que le père n'avait eu que le temps d'entrevoir, se montre le plus brillant représentant de toute une tradition fondée définitivement.

Le jury ne peut donner à M. Gillot qu'une récompense, celle du vœu qu'il forme en le recommandant à l'administration supérieure pour la haute récompense dont, seule, elle dispose. Pour donner autant de force que peut en recevoir le vœu d'un jury, il a été décidé que, quoique bien d'autres personnalités aussi de véritable valeur en fussent dignes, il ne serait pas fait par lui d'autre proposition ; et que ce vœu, pour être aussi formel que possible, resterait unique, en ce qui concerne les exposants français de son groupe. Que le fils porte les insignes dont il est juste de récompenser son mérite personnel, et qui répareront la lacune fâcheuse de l'inscription au Livre d'or qui a manqué au premier Gillot, mort prématurément; inscription bien méritée et par les recherches et par la persévérance qu'il lui a fallu pour faire valoir ses procédés, si défavorablement accueillis à leur origine.

Lorsqu'il s'agit d'une image ou d'un dessin composé de tailles ou de points plus ou moins rapprochés, le problème de la transformation en planche typographique est déjà délicat;

mais il devient beaucoup plus difficile à résoudre pour les épreuves à dégradations fondues, telles que les présente la nature, les tableaux, les lavis, etc.

On a essayé d'arriver à cette solution par l'emploi de divers réseaux ; ces moyens donnaient à l'ensemble de la gravure ainsi obtenue une régularité peu artistique. **M. Ch.-Guillaume Petit** a fait un grand progrès dans cette voie, en produisant d'abord l'épreuve de gélatine en des reliefs que peuvent donner certains procédés photographiques, et en utilisant ces reliefs pour écraser plus ou moins profondément, sous forte pression, les stries d'un papier gaufré ; en même temps que cet écrasement se produit, les parties écrasées sont entièrement teintées de noir ; les fonds, au contraire, restent blancs. Par l'habileté d'un tour de main, une épreuve de teintes fondues se trouve transformée en une image présentant l'aspect d'une gravure ; elle peut être, dès lors, copiée et mise en un relief typographique.

L'inventeur de ce procédé a donc fait faire un nouveau pas important, pour les applications de la photographie à la typographie ; et notre commission, qui après l'examen de ces travaux leur destinait une récompense distinguée pour les résultats, n'a consenti au déclassement qui s'est produit ultérieurement, qu'en apprenant qu'un second jury, celui de l'outillage, ayant examiné comme procédé l'œuvre de M. Guillaume Petit, demandait pour lui une récompense de premier ordre.

Diverses méthodes, auxquelles on a donné les noms d'héliogravure, de photogravure (ce dernier est le plus juste), sont représentées dans la section du Livre et de l'Image par de nombreuses éditions. Beaucoup de ces planches gravées en creux sont dues à **M. Dujardin,** dont la notoriété est assez connue, et qui, n'étant pas exposant, a laissé aux éditeurs le soin de montrer au public les résultats de ses habiles travaux en tous genres. **M. Arents** prouve, par son exposition, qu'il est un des plus adroits manipulateurs de ces modes de reproduction. Les fac-similés des gravures anciennes, et des plus fines, qu'il produit en une série de gravures des contes de la Fontaine, en regard desquelles il n'a point craint d'exposer les originaux dans un très bel état, montrent tout à la fois et la capacité de l'artisan et son honnêteté. C'est une exposition peu volumineuse, mais elle fait grand honneur à son auteur.

M. Delangle, autre très adroit manipulateur, a exécuté en photogravure de belles reproductions de gravures anciennes, des dessins de maitres, des fusains, etc.

Ces reproductions des originaux par la photogravure, c'est-à-dire par la gravure en creux, et aussi, comme il a été signalé, par le cliché en relief typographique. pénètrent de plus en plus dans l'industrie des impressions graphiques. et quoiqu'elles ne puissent remplacer complètement les belles œuvres faites directement par la main de l'artiste, elles ont amené, par leurs résultats rapides, économiques, et d'une véracité suffisante, une telle vulgarisation de l'image. d'originaux souvent très rares et aussi. souvent, des plus coûteux, qu'il est maintenant peu de livres qui ne soient illustrés par ces procédés, auxquels le public pardonne quelques imperfections en faveur de leur fonds de vérité.

L'indulgence sera d'ailleurs d'autant plus facile. qu'il s'agira de la nature, de la qualité même du modèle à reproduire. Si le manipulateur applique ses soins à faire passer sous nos yeux, à mettre dans nos mains, soit des dessins de maître qui ne laisseront pas de conserver sous la reproduction mécanique le principal des vertus qui en font la valeur, si, de même, ce sont des gravures de haute école dont il s'occupe, les quelques imperfections qui pourront se rencontrer dans les épreuves, ne sauraient nuire beaucoup à l'intérêt que mérite une si belle vulgarisation. Les inégalités de la reproduction, les différences qui subsistent entre certains originaux et l'épreuve vulgarisatrice, sont d'un effet plus désastreux lorsqu'il s'agit de productions d'un caractère particulièrement difficultueux, et nous ne dirons pas que l'opérateur ne mérite pas la même indulgence, quand souvent, au contraire. son effort a été plus grand. Cependant le véritable amateur d'art lui en accordera moins si, par ses procédés, il aura tenté vainement de reproduire les clairs-obscurs d'un Rembrandt, ou encore s'il s'est essayé à rendre les valeurs de rapport de gravures d'un ordre inférieur dans leur principe, comme le sont celles des vignettistes du xviiie siècle. Il y a dans les productions de ce temps une science de métier qui n'a été surpassée à aucune époque, et une bonne épreuve de ce siècle, produit du travail d'un maître habile en toutes les finesses, possède une fleur d'art dont la vulgarisation, la seule véritablement intéressante, n'est point à la portée du manipulateur. Quoique le moderne procède comme l'ancien, par des morsures successives, et qu'il ait en main des moyens semblables à ceux dont on s'est servi pour produire l'effet qu'il a sous les yeux, l'éducation qui a formé l'œil de l'artiste lui manque. Et la fleur d'art dont la beauté lui apparaît dans sa pureté et dont il peut sentir tout le charme, il demeure impuissant à la conserver. Malgré toute son application, les lois qui produisent cette beauté lui échappent.

Aux noms des exposants cités, il convient d'ajouter celui de **M. Michelet** qui pratique très largement et heureusement, dans les genres divers, les nouvelles méthodes.

L'exposition la plus importante d'impressions faites sur la gélatine adhérente, soit au cuivre, à une glace, etc., avec les encres grasses de la lithographie, et couchées par son rouleau, est celle de **MM. Berthaud, frères,** dont les progrès s'affirment par la finesse et la variété des sujets. On y rencontre de la numismatique, des études académiques pour l'enseignement du dessin, des reproductions industrielles de bronzes d'art, des projets d'ornementation décorative, etc. MM. Berthaud tiennent la tête du défilé des exposants étrangers et français qui pratiquent cette méthode.

M. Quinsac poursuit avec talent les applications qui lui ont valu une médaille d'or à l'exposition internationale de 1878. **M. Gutekunst**, de Philadelphie, prouve, par ses grands portraits, ses reproductions de machines et de sujets industriels, que les méthodes nouvelles sont parfaitement pratiquées aux États-Unis. Son exposition, sous ce rapport, est des plus remarquables.

M. Carlos Relvas, l'amateur distingué qui est à la tête de tous les progrès photographiques en Portugal, expose de remarquables spécimens d'un ouvrage considérable qui, par l'impression aux encres grasses de plus de cinq cents clichés, formera un véritable monument historique. Les richesses décoratives

que renferment les chapelles imparfaites de la cathédrale de
Batalha, formeraient à elles seules une superbe monographie.
L'ensemble de ces photographies, très soignées, est une exposition rétrospective des arts décoratifs en Portugal. En bien des
points, elles sont une véritable révélation, et causent une joie
profondément ressentie dans le monde des artistes; d'autant plus
que, à la sincérité des documents, à leur bonne présentation,
M. Relvas joint un désintéressement rare qui a pour effet de
seconder, autant qu'il est possible, la vulgarisation des clichés-
types de sa belle collection et de favoriser en même temps, et
dans son propre pays, les progrès de la photographie sous ses
diverses formes. Employer une belle fortune comme celle que
possède M. Relvas pour réaliser une semblable entreprise, afin
d'avoir le plaisir de mettre à la portée des artistes de nouveaux
sujets d'étude, sans paraître se demander si l'auteur en retirera
jamais autre chose que l'honneur de son travail, voilà assurément un mérite large et rare. On dit M. Relvas disposé à d'assez
grandes libéralités en faveur de notre pays, qu'il entend doter
de ses belles productions, dont l'Union centrale serait, la première, nantie. N'y aurait-il point lieu, pour la France, d'étendre
une main bienveillante vers cet ami de notre patrie, et d'honorer
M. Carlos Relvas de cette distinction suprême qui fait d'un
étranger un fils de plus, s'ajoutant à la famille. Une pareille
investiture, qui nous paraît méritée de tant de façons, serait
comme le couronnement de cette belle et généreuse carrière,
M. Carlos Relvas ayant épuisé la série des récompenses les plus
distinguées dont disposent les jurys, et ayant reçu de son gouvernement des distinctions honorifiques de l'ordre le plus élevé.
En répondant avec empressement à l'appel de l'Union centrale,
en envoyant une nombreuse et très belle exposition, à laquelle
s'en joint même une seconde, toute charmante, produite par sa
fille, **Mlle Marguerite Relvas**, M. Carlos Relvas ajoute à son
œuvre patriotique, en manifestant l'ampleur de ses sentiments
d'une manière touchante pour notre pays, et le vœu que nous for-
mons, notre commission lui en envoie l'expression, par delà les
monts, comme un témoignage de la vivacité de ses remerciements.

Parmi les impressions analogues à la lithographie, les

épreuves exposées par **MM. Truchelut et Walkman,** où
se rencontrent quelques portraits finement rendus, forment une
bonne exposition. Diverses reproductions de dessins, de motifs
d'architecture, envoyées de Belgique par M. Aubry sont, de
même, d'un mérite à signaler.

A côté des impressions photographiques par les encres
grasses, se place un autre mode de tirage mécanique par l'intervention de la lumière. Ce procédé présente aussi une grande régularité, et est de grande économie lorsqu'il s'agit d'opérer sur un
nombre suffisamment considérable. La photoglyptie est représentée par l'exposition de la maison **Lemercier,** et par celle de la
Société des publications périodiques. Cette méthode permet de
faire avec de la gélatine des ouvrages, en tout comparables
aux photographies ordinaires, mais présentant une plus grande
résistance à l'action du temps. Chez **M. Dalloz,** on use de la
transparence photographique sur gélatine, pour la superposer,
sur des tons imprimés lithographiquement, et faire ainsi des
épreuves de photographies auxquelles se joint le charme de la
couleur; ce qui réussit particulièrement lorsque l'objet représenté est de nature métallique.

Il nous reste à mentionner les procédés de décalques basés
sur l'emploi des sels de fer, et au moyen desquels on peut reproduire directement, par simple superposition, un dessin tracé sur
papier mince. Sous l'influence de la lumière, et suivant la pré-
paration employée, on peut obtenir ainsi, comme le montrent
M. Marion et **M. Loyer,** un dessin tracé en blanc sur fond
bleu, ou un tracé bleu sur fond blanc. On peut même produire
un dessin noir d'encre sur fond blanc, comme le prouve le procédé plus récent présenté par **M. Colas.**

Ces méthodes de reproductions par l'emploi des sels de fer,
bien que peu artistiques, n'en sont pas moins de réelle utilité.
Elles donnent aux ingénieurs, aux architectes, à toute personne
employant le dessin linéaire, le moyen très facile de fournir
économiquement tel nombre de copies d'une mesure authentique
qui peuvent leur être nécessaires. Lorsqu'il s'agit de grandes
surfaces, et qu'il n'est besoin que d'un nombre restreint de
copies, l'avantage est important.

LE LIVRE

« Jusqu'à ces derniers temps, écrivait Ambroise Firmin-
Didot dans son rapport sur l'exposition universelle de 1851, la
librairie n'avait point figuré aux Expositions de l'Industrie, et
les instructions données aux jurys de la *Grande exposition de
l'Industrie de toutes les nations* ne lui assignaient point de place
distincte ; — aussi, dans les divers pays du monde, les libraires
se sont abstenus d'envoyer leurs publications, ne croyant pas que
leur commerce, lié plus ou moins étroitement aux sciences et
aux lettres, pût être considéré comme une industrie ; — mais
plusieurs libraires de Paris ont pensé que la création d'un livre
étant le résultat de la combinaison de diverses branches industrielles, telles que la gravure sur bois, la chalcographie, le
coloriage, le choix des caractères, les diverses natures de papier,
etc., tout cet ensemble devait faire considérer la librairie
comme le créateur, du moins en partie, de ces produits industriels, dont souvent il avait conçu l'idée. »

Les libraires français se trouvèrent donc à peu près seuls
dans cette exposition datant seulement de trente et une années,
et d'où Gillot le père sortait avec une « mention honorable »
pour son nouveau procédé, appelé alors d'un nom bizarre et
malheureux : la « *Paniconographie*, » devenue purement et
simplement le « Gillotage ».

La question a fait de singuliers progrès depuis ce peu de
temps, et l'on ne songe guère aujourd'hui à disqualifier du
titre d'art le talent qu'exige la composition d'un bon livre. —
Peu de gens comprenaient alors que, selon le but proposé, l'art
est une chose, tantôt appelée à se manifester avec l'éclat d'un
appareil décoratif; tantôt, tout au contraire, et par une forme
suprême du goût, à se dissimuler pour s'assujettir selon les

besoins particuliers. — Ainsi, par exemple, lorsqu'il s'agit de le mettre au service d'un ordre de choses d'un domaine supérieur, comme l'est celui de la pensée, dont l'émission est l'objet principal, le rôle typographique doit, par un art véritable, à force d'art, se faire en quelque sorte oublier, pour laisser briller dans tout son relief et sans aucune entrave l'expression du poète, ou encore la pensée profonde sur laquelle le cerveau insiste, surtout quand c'est le mot magique de la description qui doit faire apparaître les choses et frapper seul l'esprit.

En effet, lorsque le philosophe commente, lorsque le savant explique, de quel prix n'est point la tranquillité de la lecture qui facilite la compréhension du texte et en fait comme une parole même, résonnant avec clarté, force et harmonie, non moins à l'oreille qu'aux yeux ! Si c'est un maître en littérature qui parle, l'expression mise dans l'heureuse et pleine lumière qui lui convient par un art insensible, sera pour le lecteur d'un effet tel, que celui-ci la chantera en soi, en quelque sorte, immédiatement, et avec un plaisir d'un genre si particulier, qu'il sentira persister dans son souvenir jusqu'à la physionomie même de la typographie qui lui en aura gravé l'expression.

Ces résultats ne sont point des hasards, et les maîtres illustres, nos ancêtres, qui ont mis au service de l'éloquence leur goût et leur science, montrent bien, avec leurs éditions de choix, leurs bonnes pâtes de papier, leurs impressions de qualité, la souplesse de leur technique, de quelle valeur est la direction d'une main maîtresse dans la composition d'un livre. — C'est à juste titre que l'œuvre typographique se mesure d'après le mérite et le coup d'œil de l'artiste qui l'a guidée dans toutes ses parties, et a su choisir le cadre le mieux approprié, le plus avantageux au sujet traité ; — tant il est vrai que la technique savante n'est faite que pour être au service du goût auquel elle doit laisser toute son indépendance.

Pour bien juger des progrès accomplis par les textes typographiés et par la composition du livre, on peut rapprocher une bonne œuvre des temps modernes des anciennes calligraphies des scribes. L'art de la composition d'un livre est antérieur à l'imprimerie, et, sans parler des manuscrits à miniatures, du livre illustré sur vélin, dont il reste tant de charmants exemplaires et aussi des chefs-d'œuvre, les mains des scribes ont produit de merveilleux travaux où, la disposition des textes, leur répartition, la netteté et la régularité des écrits, résultaient de lois généralement respectées. — Si ce fut relativement une espèce d'enfantillage, que de fondre des suites de caractères imitant les cursives en cours au moyen âge, au lieu de rechercher immédiatement des types franchement nouveaux, dont la stéréotypie aurait été calculée nettement d'après les moyens que procurait l'imprimerie, il y a du moins cette liaison entre les deux genres, la calligraphie manuscrite et la calligraphie typographiée, qu'en principe une même sorte d'écriture est employée dans les vieux textes comme pour ceux des temps modernes. — De quelle différence, cependant, ne sont pas les résultats procurés par des moyens analogues; et n'est-ce pas le produit d'un art véritable que celui qui, après tant de jeux de cet admirable alphabet phénicien, prodigieuse combinaison du génie humain qui nous permet de tout exprimer avec vingt-six lettres, est parvenu graduellement, par une successive intervention de l'art, à nous assurer une lecture facile et agréable? Que cet art soit le résultat de travaux collectifs, cela n'est que trop évident, bien que dans ses progrès on puisse facilement reconnaître l'action personnelle de tel ou tel maître en librairie.

Cette action personnelle est appelée à se faire sentir de plus en plus au sujet des nouveaux moyens de l'industrie moderne, et particulièrement en ce qui touche à l'emploi de la photographie qui, insérée dans le livre, en fait comme un miroir des choses extérieures. Tout ce qui est tangible, le monde entier, celui de la science et du pittoresque, les ruines laissées par les grandes civilisations, l'homme lui-même, de tous les sangs, à tous les degrés de la vie sociale, depuis la plus haute primitivité, c'est-à-dire d'un temps antérieur à celui de l'âge de la pierre, celui de l'âge du bois, jusqu'à celui des civilisations les plus raffinées, tout est appelé à venir figurer dans le vaste musée de papier qu'édifie la librairie, dont l'image, de nature si frêle, est cependant rendue indestructible par la multiplicité. Avec des moyens d'une pareille précision qu'elle nous donne avec exactitude, depuis les empreintes astrales jusqu'aux moindres détails de l'organisme du monde microscopique, la Typographie nous offre encore la souveraine ressource d'ajouter aux reproductions de ce qui est tangible un caractère artistique dont le pittoresque, comme l'idéalité, sont indispensables au livre, pour qu'aucun élément de beauté ne lui manque. Le genre d'illustration, émané de la main d'un artiste et passant sous les yeux du public en conservant tout le caractère ou l'esprit du dessin original, rapproche, en principe, le procédé vulgarisateur des peintures mêmes des anciens manuscrits.

Nous avons énoncé qu'avec de tels moyens, tous les livres à images démonstratives étaient réellement à refaire. C'est une œuvre qui s'élabore maintenant, et c'est de toutes mains que l'on procède aujourd'hui à la plus extraordinaire de toutes les encyclopédies qui furent jamais. Voilà, certes, une entreprise d'une autre envergure que ne le pouvait être cette encyclopédie du xviiie siècle, déjà si énorme et si courageusement réalisée en ce temps-là. Que nos éditeurs de livres à images se le disent, chacune de leurs productions est une pierre qu'ils apportent au magnifique monument qui s'élève ; que chacun d'eux prenne à tâche de faire de son œuvre particulière un élément définitif, de qualité telle qu'il soit inutile de le reconstituer, de reprendre son œuvre à nouveau ; et l'on verra un jour de quel prix aura été l'action personnelle dans une librairie qui, après avoir déjà concentré tous les rayonnements du cerveau humain, aura complété le livre par le rayonnement même du soleil.

Les choses matérielles tiennent du temps où elles se sont produites, leur caractère définitif, qu'elles laissent à l'appréciation des générations qui se succèdent. La vulgarisation facilitée par la typographie est d'une bien autre portée que les copies des scribes ; mais l'illustration procurée par les miniatures des manuscrits font du livre du moyen âge des bijoux charmants, parfois de sérieuses œuvres d'art, dont l'attrait dépasse tout ce qu'a produit l'imprimerie. Cependant, pour la plupart, quelle est l'idéalité des miniatures des manuscrits, et de quelle signifiance, en général, sont les vignettes peintes inspirées par la théologie, ou puisées dans les légendes romanesques. Le temps de ces caprices de l'imagination est loin, et, de plus en plus, c'est une autre science et ce sont d'autres idées qui sont venues prendre place. La librairie typographiée est d'un art plus mâle que les productions illustrées des anciens temps, et aujourd'hui, avec les moyens qui viennent le compléter dans son œuvre, le livre même dit « à illustrations », pour lequel ce titre fut, pendant un certain temps, comme une espèce d'affaiblissement de la qualité sérieuse du livre, devient, au contraire, une production supérieure, quand l'image, lorsqu'elle est utile, y seconde un véritable enseignement.

C'est en raison de ces considérations que nous ferons l'examen des productions exposées. Sans oublier l'avenir marqué pour le livre, nous tiendrons compte des bons soins avec lesquels on s'inspire des belles éditions du passé, de celles dont le retour à des traditions saines équivaut à un progrès. En même temps nous signalerons les publications engagées dans la voie nouvelle, où il faut d'autant plus de goût et de mesure, que les documents abondent tout à coup. Cette profusion exige un judicieux discernement, presque du sang-froid, une véritable entente de la composition du livre, soit qu'il s'agisse d'un texte illustré, ou que le livre prenne les proportions d'un recueil d'art.

En nous efforçant de n'oublier aucune des productions où nous rencontrerons ces qualités diverses et multiples, nous procéderons surtout par l'énumération. En parlant au nom d'une commission, le rapporteur ici ne saurait ne point se souvenir qu'il s'agit de confrères et que, s'il lui est agréable de pouvoir placer un éloge mérité, il doit s'appliquer à ne décourager personne ; et que même, lorsqu'il désapprouve, il ne doit pas le manifester autrement que par son silence. Non, certainement, toutes les productions exposées ne sont point également dignes d'éloges, mais on peut dire que, par ce temps de procédés nouveaux, de moyens encore à l'essai, toutes sont réellement intéressantes ; la plupart dignes de l'attention qu'elles sont venues solliciter ; et c'est d'un avis unanime que la commission l'a constaté.

Une dernière observation générale nous reste à consigner

au sujet de la librairie d'art qui, par certains caractères nouveaux et décisifs, apparaît comme une véritable création de notre temps.

Une définition, aussi étroite que possible, est généralement nécessaire pour éviter les malentendus à propos de toute chose dont on dénonce la nouveauté. Nous allons donc essayer de préciser en quoi consiste la dernière expression de la librairie d'art ; et, par un regard rétrospectif projeté sur les livres du genre que nous avons en vue, montrer tous les avantages de cette dernière expression.

La librairie d'art composée de suites de modèles originaux gravés par l'artiste créateur, ou exécutés sous sa direction, suites qui, par la succession des cahiers publiés au fur et à mesure formaient des volumes, n'est point un genre qui puisse être signalé comme nouveau. Il fut en usage, dès le xvi⁰ siècle, et compose une librairie spéciale continuant son œuvre de nos jours, comme il en a été aux xvii⁰ et xviii⁰ siècles.

La librairie d'art dont il importe de montrer les avantages actuels en la mettant en regard du passé, comporte les ouvrages ayant pour but l'étude des œuvres de l'architecture, de la sculpture, de la peinture et des productions qui en découlent ; les planches y sont réunies en vue d'un ensemble, et sont unifiées par le format, de manière à procurer une vulgarisation plus ou moins économique, en même temps que des points de comparaison immédiats.

En parlant de la qualité générale des productions de cette nature jusqu'à nos jours, il est bien entendu qu'il ne saurait être question du mérite et de l'utilité des grands graveurs, habiles traducteurs des maîtres, par lesquels plus d'un a même été formé directement ; traducteurs ayant laissé des chefs-d'œuvre reproduisant d'autres chefs-d'œuvre, avec une unité de méthode d'un ordre supérieur, découlant de la personnalité artistique. L'estampe isolée, la collection de portefeuille, ne sont point du domaine de la librairie.

Le livre d'art, proprement dit, outre son unité matérielle sous le rapport du format des images répondant au cadre du volume, doit, autant que possible, être le résultat d'un concept net, soit qu'il s'y agisse de la représentation d'une école ou d'un musée formé par diverses écoles ; ou encore, comme l'est le musée Borbonico, par exemple, soit que les variétés s'étendent des hauteurs de l'art jusqu'aux objets familiers, touchés par le rayon de l'art. Des annotations plus ou moins laconiques, des commentaires plus ou moins étendus, en complètent le caractère.

Sans remonter plus loin qu'au siècle dernier, si abondant en gravures de toutes sortes, le livre d'art, composé de copies provenant d'œuvres originales appartenant à des collections nationales ou exotiques, était généralement alors un livre dédié à un fortuné seigneur, d'ancien ou de nouvel aloi, qui en faisait souvent tous les frais, pour affirmer son titre d'ami et de protecteur des arts, et assurer son renom dans l'avenir. Les entreprises de cette sorte se traitaient la plupart du temps avec un maître graveur, et se réalisaient dans son unique atelier, où tous, aides et élèves formés par le même enseignement et recevant la même impulsion, donnaient des productions fatalement marquées d'un même coin. De manière que peu importait que les œuvres fussent de provenance diverse, que les modes et les styles n'eussent rien de commun, que les modèles fussent de nature grecque ou gothique, d'origine italienne ou flamande, espagnole, germanique ou française, tout, dans ces recueils, était traduit avec une égale et insouciante uniformité qui n'était même point celle d'une médiocre naïveté ; car avec le goût régnant alors, le maniéré, dont le trop spirituel Boucher démontrait les avantages à un élève ébahi, Louis David, le maniéré était alors de règle académique. Il voulait que l'étude de la sérénité antique fût toujours embellie d'un sourire, dont on l'additionnait ; comme il fallait de même accentuer les musculatures. Tout prenait un air de famille, du plus étrange mensonge et du plus écœurant effet. Lorsqu'une sévérité plus grande fut de mise, et qu'il fallut remiser ces grâces fanées, la gravure intimidée par les nouveaux maîtres, — et, rappelons-le, il ne s'agit toujours ici que des gravures en collection, des travaux d'atelier accomplis par les médiocrités, — la gravure intimidée, disons-nous, tomba dans le genre absolument insignifiant. C'est celui qui, à quelques exceptions près, fait le fonds du musée Laurent, ayant pour objet, comme on le sait, la représentation de toutes les œuvres de peinture contenues dans le Louvre de Napoléon Ier, dont la collection était alors si considérablement grossie par les abus de la victoire.

De l'amas fabuleux des travaux de cette sorte, il ne reste guère, en réalité, aujourd'hui, que des pièces utiles pour les catalogues; absolument vaines dans leur prétention de traduire les maîtres. Leur insuffisance, pour ne pas dire leur trahison, devint un jour si évidente, que l'on vit s'en écarter le goût public, et ce ne fut pas seulement par économie qu'on leur préféra les simples gravures au trait, dont la sobriété ne fausse point les effets harmoniques des peintures, ni les modelés de la statuaire. Ce fut le temps des Landon, des Normand, des Reveil, etc., et tous les musées de l'Europe y passèrent, jusqu'à ce qu'on se lassât de cette sobriété par trop excessive, et que l'on eut constaté que c'est à peu près ne rien avoir que de posséder les contours de l'œuvre d'un coloriste, comme Velasquez, Rembrandt, Corrège, etc.

Cette espèce de recul dans la recherche, cette sobriété que l'on avait fini par préférer, tint encore à d'autres causes qu'il importe de faire remarquer. Les sévérités de l'école de David, qui devaient décontenancer des artistes comme Moreau et Saint-Aubin vieillis, et leur faire perdre le meilleur de leur talent, furent loin d'être la raison unique de la stérilité relative des gravures en collection de l'époque du premier Empire et des régimes suivants. Pour bien comprendre ce fait, qui ne devait point échapper à un historien comme Michelet, lequel le consigne en une note courte dans son *Histoire de la Révolution française*, il est nécessaire de faire ressortir de quelle importance furent, pour nos industries d'art, certains évènements de la fin du dernier siècle.

Lorsque, au moment de la proclamation du danger de la patrie, en 1792, on procéda aux fameux enrôlements volontaires, qui se faisaient à Paris, sur le Pont-Neuf, avec le théâtral que l'on sait, au son du canon d'alarme, et que tout ce qui était jeune et viril vint s'y engager pour le service militaire, le personnel des industries d'art, mû par le patriotisme en même temps que déterminé par le manque de travail, qui frappe les premiers les artisans de ce genre dans les crises publiques, tout ce personnel s'y trouva engagé en si grand nombre, que l'on en forma des bataillons complets, dont les hommes s'étaient réunis par un instinct naturel. On les vit figurer bravement, avec la nervosité parisienne, sur les champs de bataille de Jemmapes et de Valmy, où les *bataillons parisiens*, du nom particulier qui désignait ces bataillons formés d'éléments exclusifs de tout autre, devaient laisser, et en déplorable quantité, leur sang doublement précieux pour la mère-patrie. C'était la tradition vivante, la pratique avec toutes ses expériences, le savoir acquis par l'artisan dans le contact constant avec les maîtres traçant les modèles, toutes les habiletés héréditaires, tout ce qui se respire dans l'atelier et entre, pour ainsi dire, dans le sang même, s'y insinuant comme insensiblement dès l'enfance, et qu'aucun effort tardif ne peut faire pénétrer de même ; c'était cette perte nationale pour laquelle le drapeau victorieux fut un linceul, qui fut la cause principale de l'état d'infériorité dont nos industries d'art devaient si violemment se ressentir par la suite. Pendant l'époque du premier Empire, ceux que leur âge avait retenus sur place, marquèrent encore leur présence dans les productions industrielles, où bien des détails la révèlent heureusement. Mais, aux temps de la Restauration, la pénurie apparut, on peut le dire, dans toute son horreur. On ne sait plus où s'égara le goût des artistes de l'industrie et celui du public dans la persistance des recherches antiques ; et ce qu'il y a à en signaler, c'est la tendance à un renouveau qui devait devenir intéressant pendant les régimes suivants, mais que, en réalité, on ne voit d'abord apparaître que sous des apparences d'une certaine niaiserie.

A la sobriété trop excessive des gravures au trait, on vit succéder des gravures sur acier, de façon anglaise, fort riches, au contraire, de toutes sortes d'effets découlant du métier, et qui furent rapidement en grande vogue, sous la forme d'albums dans lesquels on les réunissait, en les publiant sous le nom de *Keepsakes ;* un nom composé qui paraît vouloir dire en anglais :

« l'amour, l'agrément du donjon », et qui formèrent une espèce
de librairie d'art n'ayant nullement pour but la représentation
des maîtres des sphères plus ou moins classiques. Nous ne
nous y arrêterions point, si le caractère des vignettes du Keepsake
ne se trouvait avoir été le prélude de la librairie d'art, issue en
France du mouvement romantique, qui fit retourner les générations d'alors vers le brillant passé national que représentent nos
monuments historiques. En même temps, et en revoyant par le
souvenir le Keepsake d'antan, on peut constater combien le goût
public qui en a été épris s'est amélioré depuis cette époque-là.

Quel est le cinquantenaire qui ne se souvienne d'avoir pro-
mené son regard d'enfant sur les vignettes de ces albums légers,
composés au hasard, sans suite, et sans autre lien que celui
d'une impulsion toute littéraire ; mais quelle traduction d'une
littérature dont Ossian, Walter Scott, Byron, Chateaubriand
étaient les principaux représentants, et que commentaient des
vignettes qui avaient la portée d'un titre de romance ! C'était
l'évocation d'un monde féerique, propre, poli, lustré par toutes
les finesses et l'éclat du burin ; un véritable fantôme d'art, grâce
auquel les ladies étaient toutes plus jolies les unes que les
autres. Dans ce pays du satin, de l'hermine et du velours, où la
haquenée blanche et le lévrier agile semblaient sortir d'une
boîte, le haillon même s'y montrait pour rire, pour que son déla-
brement aidât à faire valoir la jeune cheville et le pied immaculé
de la Gibsy, encore plus jolie que toutes les ladies. Pays du
Kant, toujours et partout, où les cavaliers, tous convenables,
tous élégants, étaient également tous les plus beaux du monde.
Le pittoresque ambiant était naturellement assorti ; le brouillard
écossais devenait une coquetterie de la nature. Tout était fait,
disposé, rendu, pour plaire dans le Keepsake ; la grosse vague
de la tempête même, roulant les épaves d'un bâtiment brisé par
dessus la noyade d'un équipage disparu, le tragique horrible de
la grosse vague mise en belle lumière, était montré dans ces
vignettes de façon à charmer les yeux.

Leur perfection insupportable, vide d'art véritable, d'un métier inouï alors, mais qui, par la répétition d'effets toujours les
mêmes, finit par lasser le public, ne doit pas empêcher de consi-

dérer ces travaux, s'éloignant du classique consacré, comme le prélude, en librairie, des études dont les livres d'art ne tardèrent pas à s'enrichir, au moyen du procédé lithographique. Taylor fut des premiers à y recourir pour les illustrations des marges de ses voyages à travers les anciennes provinces françaises. Les monuments y défilent en grand nombre, avec une interprétation souvent bien fantaisiste. Ces études ne furent cependant pas stériles, car de recueils généraux et importants comme la *France pittoresque,* réunie par Hauser en volumes, et de nombre de productions de ce même temps, comme les remarquables lithographies reproduisant les œuvres de la peinture moderne, et, avec un succès particulier, les paysages, dont plus d'une page reste comme un chef-d'œuvre, de cet ensemble, enfin, il résulta une véritable librairie d'art ayant eu son utilité et à laquelle s'attache un beau souvenir.

En déterminant le caractère de ces diverses phases de la librairie d'art, en nous y étant arrêté avec quelque insistance, notre but est de faire ressortir ce que nous pouvons donner ici comme conclusion, c'est que :

1° Pendant le XVIIIe siècle et la première partie du XIXe, on s'applique à traduire par la gravure complète les œuvres maîtresses, classiques.

2° Puis, la médiocrité, le mensonge de ces livres d'art écœure, on préfère la sobriété extrême, le contour seul; et ce n'est encore alors que des choses plus ou moins consacrées par les préjugés classiques qu'il est question.

3° A cette transition succèdent les vignettes anglaises, inspirées par un romantisme s'appliquant à consacrer de toutes autres choses que le classique.

Puis comme en France, on pense et agit dans la même voie, l'étude se dirige, à peu près exclusivement, vers tout ce qui précède la seconde moitié du XVIIe du siècle pour remonter vers le moyen âge, en s'occupant surtout de l'architecture. Alors la librairie d'art semble presque avoir renoncé à la vulgarisation des œuvres de la peinture des hautes sphères, à l'égard desquelles elle paraît décidément reconnaître son impuissance. Des fondations comme celles de l'*Artiste* de Ricourt et de la *Gazette des Beaux-Arts* viennent bien essayer d'obvier à cette lacune ; mais en ne se bornant guère qu'à des études fragmentaires, prudemment tenues éloignées des visées par trop ambitieuses des anciennes gravures au burin faites à la grosse.

C'est dans cette situation qu'est intervenue la photographie, qui, grâce aux procédés qui en vulgarisent l'empreinte, a conservé le dessin et les rapports harmoniques de la peinture dans des reproductions monochromes où se retrouvent encore cependant tant des qualités originales de l'œuvre type. C'est en raison de ce progrès, dont on peut juger toute l'importance en voyant le découragement qui s'était produit et qui confinait le livre d'art en de certains genres qu'il n'essayait plus, pour ainsi dire, de franchir, c'est en considérant enfin l'état inespéré des productions dont est appelé maintenant à s'enrichir le livre d'art, qu'il est facile d'y reconnaître ce que nous en avons dit : c'est-à-dire que le livre d'art est, en réalité, une véritable création de notre temps et cela par la puissance de l'expression qu'il a acquise.

M. Achaintre (Albert).

Gérant du *Gutenberg-Journal*, M. Achaintre en expose un numéro, composé en vue de l'Exposition actuelle, et daté 22 août 1882. — Ce numéro spécial n'a point le caractère d'un spécimen ; il offre, par des exemples, un aperçu des divers procédés typographiques, actuellement en usage pour l'illustration des livres. On y remarque, en outre, des ornementations composées avec des pièces de rapport, se prêtant à des combinaisons élastiques, comme en usaient, pour leurs divers formats, les typographes du xvie siècle.

Le soin apporté à la confection de ce numéro spécial est évident : cependant la différence de nature des exemples produits, les variétés mêmes des papiers employés, s'opposent à l'unité de cette œuvre. Le jury, tout en signalant l'intérêt de ce travail, a dû s'associer à la propre opinion de l'exposant, écrivant lui-même : « qu'il ne faut pas perdre de vue qu'il ne s'agit que d'un

journal, et qu'il ne faut pas exiger de lui ce qu'on demanderait
à un livre. »

Ces sortes de publications périodiques sont utiles ; celle-ci
offre des renseignements, constamment rajeunis, sur les nombreuses branches d'industries qui se rattachent à l'imprimerie.
Par elle, les gens de métier sont tenus au courant des nouveautés. Le *Gutenberg-Journal* est, d'ordinaire, une feuille de
bonne tenue typographique, convenablement imprimée.

M. Baschet (Ludovic).

Cette « Librairie d'art » est un établissement distingué, servant tout à la fois de maison de vente à des productions provenant de divers éditeurs et à des ouvrages qu'elle publie, et où la
direction de M. Baschet se fait sentir, dans leur esprit comme
dans leur exécution. Peu de libraires de ce genre connaissent
aussi pertinemment que **M.** Baschet, les ressources offertes
maintenant par les divers procédés en usage pour les reproductions ; et c'est avec un choix, généralement judicieux, que
M. Baschet sait opter entre les modes différents, en usant, selon
la nature des originaux, de la photogravure en creux, ou du
relief typographique. M. Baschet justifie, de plus, son titre de
libraire, en procurant à ses recueils le concours de plumes
expertes comme, par exemple, celle de M. Philippe Burty qui,
dans l'*Exposition des Beaux-Arts* de 1882, traite la question des
« Arts décoratifs » (Exposition de l'Union centrale). Cette publication, qui est à son troisième volume, contient cette année des
fac-similés de dessins originaux d'artistes, en même temps
que de belles photogravures imprimées par Goupil. C'est dans
les publications de ce caractère que le goût et l'expérience de
M. Baschet se font particulièrement sentir.

La Comédie Françoise, par Arsène Houssaye, est aussi un
ouvrage de luxe, comprenant une grande édition de bibliophile
sur papier de Hollande, avec des photogravures sur plein papier
du Japon, qui fait honneur à la maison Baschet, ainsi que les
Peintres modernes, de M. Eugène Montrosier.

La publication hebdomadaire des *Dessins du Louvre* paraissant
en livraisons du prix de 1 fr. 50 c., reproduisant des fac-similés

obtenus photographiquement sur les dessins des maîtres, et imprimés typographiquement, marque un progrès des plus importants ; c'est une nouveauté de grand avantage pour le public. On a vu que c'est M. Gillot qui produit ces pages intéressantes.

M. Cagnon (Henri).

Ce libraire expose deux grands ouvrages de M. Guichard, l'un sur les *Harmonies de la couleur*, et l'autre, dont il est l'éditeur, la *Grammaire de la couleur*. Cette dernière publication, qui nous paraît plutôt un *Traité du mélange des couleurs*, consiste en une série de planches comportant chacune six couleurs franches, qui, par le résultat du mélange diversement dosé, arrivent à produire 765 nuances différentes. Les tons sont opaques, le tirage étant fait à la détrempe, de la nature des papiers peints. Ces exemples peuvent donc être utiles pour les tons de tentures, et les tons couchés des peintres-décorateurs.

Lorsqu'on connaît l'activité de M. Cagnon, on ne s'étonne point de trouver cet ouvrage déjà traduit en allemand et en anglais. On ne peut que souhaiter le succès de cette publication, entreprise par l'un de nos plus sympathiques libraires-commissionnaires. Mais le jury n'est point encore à même, au sujet d'un ouvrage aussi récent, de constater le mérite des dosages chiffrés qui sont le guide de ce recueil, et qui, seules, peuvent en déterminer la véritable valeur.

M. Canson.

Ce libraire-éditeur expose une série de planches provenant d'un ensemble intitulé *Encyclopédie des arts décoratifs de l'Orient* et terminé seulement en quelques parties.

Le fonds principal de cette collection considérable a été gravé par Adalbert de Beaumont qui l'a publié lui-même, ou en association avec M. Collinot, sous la forme monochrome d'eaux-fortes, généralement vivement enlevées.

M. Canson, ayant acquis les aquarelles d'Adalbert de Beaumont après la mort de cet orientaliste, fait transporter sur pierre lithographique ces eaux-fortes, et les complète par la coloration indiquée dans les cartons du maître. L'éditeur a souvent besoin, ainsi qu'il l'annonce lui-même, de faire parachever des aquarelles dont les tons sont simplement échantillonnés.

M. Canson expose en même temps la suite intéressante des planches de Preziosi, sur les *Mœurs et coutumes du Caire*, dont il s'est rendu acquéreur.

MM. Charavay frères.

La maison de ces libraires-éditeurs, fondée en 1879, est jeune ; et cependant elle s'est acquise, dès maintenant, une place sérieuse dans la librairie. Ces deux frères, qui marchent dans la voie des saines traditions, tiennent de leur père, M. Jacques Charavay, expert en autographes et ayant exercé la profession de libraire, un nom des plus légitimement réputés. Quoique M. Ét. Charavay, archiviste paléographe et expert en autographes, ait, antérieurement à 1879, conquis une estimable notoriété par des publications relatives à l'histoire et à la science des autographes, les deux frères ont voulu, en s'établissant, donner à leur maison un relief significatif, en prenant d'une part, pour directeur littéraire, M. Anatole France, le charmant écrivain, et pour directeur artistique, M. Fernand Calmettes, dont le goût guide les illustrations.

MM. Charavay ont particulièrement mis sous les yeux du jury des exemplaires de ce qu'ils appellent leur *Collection choisie*, et qui, comme celui intitulé *Un Artiste oublié, J.-H. Massé*, par M. Émile Campardon, imprimé par M. Cl. Motteroz, sur beau papier de Hollande, sont de véritables et excellents livres de bibliophiles, C'est également un livre de cette même collection que le *Giuletta et Romeo*, de Luigi da Porto, traduit par M. H. Cochin, discrètement illustré de quelques légers bois dans le texte, et de deux bonnes photogravures, comme les sait faire M. Dujardin. Dans la bibliothèque in-32, on rencontre des livres traités en charmants bijoux ; tel est le *Jocko*, par M. C. de Pougens, orné de délicats ornements typographiques, pour en-têtes et culs-de-lampe, et d'une eau-forte par Frédéric Régamey. La matière est du beau papier de Hollande, et l'impression de bonne qualité en est due à MM. J. Mersch et Cⁱᵉ.

Nous ne saurions énumérer toutes les parties d'un catalogue,
et nous nous arrêterons ici, en signalant particulièrement parmi
les « livres d'art » de la maison Charavay « l'Œuvre de Eugène
Delacroix, reproduit en totalité par M. Alfred Robaut, décrit et
commenté par M. Ernest Chesneau ». On y trouve, en effet, toutes
les peintures, dessins, gravures et lithographies du maître; bien
souvent, il est vrai, à une échelle extrêmement réduite pour
leur intercalation dans le texte ; mais enfin y figurant encore
suffisamment pour retracer les diverses compositions originales
de manière à en évoquer le souvenir. — C'est un effort dont il
n'existe peut-être pas un second exemple aussi complet.

M. Claesen (Charles).

Cette librairie spéciale des arts industriels et décoratifs est
belge, et sa maison de fabrication se trouve à Liège ; elle y a
ses ateliers de gravure, lithographie, taille-douce, autographie,
chromolithographie et photographie. Elle s'occupe de l'architecture, des beaux-arts, des arts industriels et des sciences.

Cette librairie fait la commission sur une très large échelle ;
mais elle possède, en outre, par elle-même, un fonds considérable dont il suffira de citer quelques ouvrages pour en faire
ressortir toute l'importance :

L'*Ameublement moderne*, par Prignot, Liénard, etc ;

L'*Architecture décorative d'ameublement*, par Prignot ;

L'*Art dans l'industrie moderne*, par Rambert ;

Les *Chiffres ornés*, par Riester ;

Les *Compositions décoratives*, par Hymans ;

Le *Dictionnaire de la tapisserie*, par J. Deville ;

Le *Livre de l'architecte*, par Dietterlin ;

Les *OEuvres de Ducerceau*, par Baldus ;

Le *Portefeuille de Liénard* ;

Le *Palais de Fontainebleau* (architecture et décoration), par
R. Pfnor.

Sans compter les charmants travaux de Fred. Fischbach, et
les ouvrages variés de M. Ch. Claesen lui-même.

Les modèles de toutes sortes publiés par cette librairie et la
qualité générale de ses produits, dont on peut juger par les

noms des quelques auteurs cités, montrent assez le rang distingué que cette maison occupe dans la corporation européenne.

M. Conquet.

Cette librairie expose la *Chanson des nouveaux époux*, par Mᵐᵉ Adam, avec le portrait de l'auteur en une très jolie eauforte ; les *Estampes de Moreau le jeune*, pour le *Monument du costume*, gravées par Dubouchet ; le *Lion Amoureux*, par Frédéric Soulié, illustré de petites vignettes et de gravures sur acier, par M. Nargeot, d'après les dessins de Sahib ; *Mon Oncle Benjamin*, par Claude Tillier, dessins sur bois de Sahib, gravés par M. Prunaire. Ce dernier et joli volume, sorti des presses de M. Cl. Motteroz, est imprimé en caractères du genre des fonderies Didot.

M. Delagrave (Charles).

Cette importante librairie scolaire est de celles dont le catalogue pourrait donner le vertige. Il est si considérable qu'il se publie en douze brochures distinctes :

Catalogue des Livres de fonds.

    Id.   *de Géographie et de Topographie.*

    Id.   *scientifique.*

    Id.   *de Dessin.*

    Id.   *des Langues vivantes.*

    Id.   *des Livres d'étrennes.*

    Id.   *de Distribution de prix.*

    Id.   *d'Enseignement primaire.*

    Id.   *des Salles d'asile.*

    Id.   *des Fournitures de bureau.*

    Id.   *du Matériel et Mobilier scolaires.*

    Id.   *du Matériel scientifique.*

Le seul *Catalogue de la Géographie et de la Topographie* est tout un monde de livres et d'atlas, de cartes murales signées des plus grands noms : Levasseur, Magin, Brué, Larochette, Raaz et Woldermann. Les globes de toutes sortes, exposés par M. Delagrave, sont des œuvres de ces mêmes auteurs, MM. Levasseur, Perigot et Moureaux, Larochette et Bonnefont, Simon, etc.; ils sont terrestres et célestes, élémentaires, scolaires, ardoisés, montés sur un pied de bois ou de fonte, inclinés sur l'écliptique, avec ou sans le méridien. C'est une voie lactée où se rencontrent jusqu'à des globes-miniatures d'un diamètre de six centimètres, dont quelques-uns montés sur marbre. A côté de ces éditions sphériques, s'étalent les planisphères, les reliefs topographiques, les instruments de topographie automatique, les boussoles, la roulette et le sténomètre, le pendulographe, etc. Enfin, tout ce qui concerne ce genre d'études, depuis les « premières notions de la lecture des cartes et plans », jusqu'aux cartes murales topoplastiques et aux cartes muettes. La géographie ancienne et moderne, physique et politique, tout se trouve dans cet ancien fonds de la maison Dezobry, constamment grossi, rajeuni, par l'activité du titulaire actuel de cette importante librairie.

Il en est de même pour ce qui touche à l'enseignement du dessin et de la géométrie : méthodes, cahiers, planches, reliefs en zinc, en plâtre, en fil de fer, en fonte, mobilier, matériel, etc.

La maison Delagrave est une officine si générale, que depuis le «compendium des leçons de choses», les solides géométriques, les poids et mesures usuels, la collection de lettres et de chiffres mobiles, les boîtes pour les contenir, allant jusqu'au meuble, et propres à l'enseignement dans les salles d'asile ; depuis les tableaux zoologiques jusqu'à la pendule universelle géographique ; depuis les syllabaires jusqu'aux ouvrages pour l'enseignement des sourds-muets ; enfin depuis le bégaiement jusqu'aux problèmes de l'algèbre la plus compliquée, on y trouve tout ce qui est nécessaire à l'enseignement de tous les degrés. Cette librairie traite de la chimie comme des mathématiques, de la philosophie comme de l'histoire naturelle, de l'agriculture, en même temps que des publications militaires, des auteurs grecs comme des latins, de la langue anglaise comme de l'allemande, de l'espagnole ou encore de l'italienne. Elle a des dictionnaires de toutes sortes, des méthodologies de toutes les variétés ; vendant en même temps des bouliers-compteurs, des collections d'images, des dominos géographiques, et jusqu'à des travaux à l'aiguille et des lampadoramas ; sans compter les

collections de bons points illustrés et autres, pour toutes les
Facultés. Ce monde qui commence à l'arithmomètre pour aboutir
à la trigonométrie pour le baccalauréat ès sciences, et dans
lequel tout ce qui tient école en France vient s'approvisionner,
compte encore à son actif un certain nombre de publications
périodiques :

La Revue Pédagogique, publication mensuelle.

Le Journal de Mathématiques élémentaires et spéciales, autre
revue mensuelle, à sa cinquième année.

L'Écho des Examens de l'Instruction primaire, paraissant tous
les jours pendant les sessions.

Le Saint-Nicolas, journal illustré pour garçons et filles, hebdomadaire, quatrième année.

Le Musée des Familles, mensuel, quarante-neuvième année.

Les Modes vraies, *Travail en Famille*, trente-deuxième année.
Journal mensuel.

Les Stations hivernales, *Plages et Villes d'eaux*, revue mensuelle.

Le jury, est-il besoin de le dire, n'a pu qu'entrevoir quelques-
uns de ces produits. Mais n'est-il pas utile de signaler la haute
importance de maisons de cette sorte, et n'avons-nous pas à le
faire avec d'autant plus de plaisir, que le jeune et ardent chef
de cette librairie scolaire est un des plus fidèles exposants de
l'Union centrale, à laquelle son concours ne fait jamais défaut.

M. Delangle.

Le mérite de ce graveur-imprimeur est signalé dans la
section de la photographie concernant les manipulateurs des
procédés. Les fusains de grand format qu'il a reproduits d'après
Français, sont de très bons résultats qui rendent son exposition
intéressante. La nature de ces travaux convient entièrement à
ses manipulations.

MM. Ducher et Cie.

Cette maison, qui a pris le titre de « Librairie générale de
l'Architecture et des Travaux publics » est, comme la maison
Claesen, une importante entreprise de commission qui, par elle-

même, possède un riche fonds, que toutefois il est assez difficile de distinguer dans son catalogue général.

MM. Ducher et Cⁱ⁰, éditeurs de la Société centrale des architectes, et des œuvres de M. César Daly, sont des libraires de grande activité. Les titres des publications achevées ou entreprises par cette maison depuis l'Exposition universelle de 1878, suffiront tout à la fois pour montrer le caractère de ses ouvrages, la distinction et l'importance de ses publications.

Depuis 1878, on a terminé chez MM. Ducher et Cⁱ⁰ quatre ouvrages de grand luxe :

La Monographie du Nouvel Opéra de Paris, par M. Charles Garnier.

La Deuxième Série (décorations intérieures) *des motifs historiques d'architecture et de sculpture d'ornement*, par M. César Daly.

La Troisième Série (décorations intérieures peintes) *de l'architecture privée au* xix⁰ *siècle*, du même auteur.

La Brique ordinaire au point de vue décoratif, par M. J. Lacroix.

Parmi les ouvrages nouveaux, on remarque :

La Monographie des Palais du Champ de Mars et du Trocadéro, de l'Exposition de 1878.

Paris Ancien et Paris Nouveau, album des monuments de Paris, reproduisant par la photographie les anciens et les modernes.

Les Cahiers des Élèves de la grammaire du dessin, par M. L. Cernesson.

L'Ornement par la nature, de M. H. Despois de Folleville.

Enfin des ouvrages de pratique ou de technicité proprement dite, tels que le *Cours de Construction civile*, par M. P. Planat, et de nouvelles séries de l'*Album du Peintre en bâtiment*, par M. Glaire, etc., etc.

En général, l'exécution matérielle des travaux publiés par la maison Ducher est l'objet de soins minutieux, utile à tous les points de vue dans le genre de ces publications, dont certaines sont forcément fort dispendieuses. On emploie judicieusement dans cette librairie d'art, de caractère spécial, les moyens divers

fournis par la taille-douce, la lithographie en couleurs ou non,
la photographie et, naturellement, la typographie.

Comme maison de commission, elle rend encore des services
sérieux par l'importation d'ouvrages de provenance anglaise,
autrichienne, allemande et russe. C'est, sous tous les rapports,
une brillante officine, un de ces établissements qui honorent un
pays. Ses chefs sont des fidèles de l'Union centrale, et leur concours comme exposants, ne lui fait jamais défaut.

MM. Firmin-Didot et Cie.

Cette vieille maison n'édite que des catalogues des publications de son propre fonds ; et nous n'y puiserons que très discrètement, pour deux raisons : le signataire de ce rapport est l'un
des chefs de cette librairie ; il est, de plus, membre du conseil
d'administration de l'Union centrale.

L'exposition de la maison Didot se compose principalement de :

1° *Paris à travers les Ages*, par M. F. Hoffbauer, architecte.
On trouve dans les quatorze fascicules de cette publication ache-
vée, lesquels fascicules forment autant de monographies distinctes, les aspects successifs des principales vues et perspectives
des monuments de Paris, depuis le xiie siècle jusqu'à nos jours.
Cet ouvrage considérable fait le plus grand honneur à M. Hoffbauer, qui a tracé les principaux modèles imprimés en couleurs,
et en a guidé l'illustration dans toutes ses parties, en érudit
archéologue et en véritable artiste. Le texte est de MM. E. Fournier, P. Lacroix, A. Bonnardot, J. Cousin, Jourdain, Franklin,
V. Dufour, etc.

2° *Le Costume historique,* par M. Aug. Racinet. Cet ouvrage
se compose de cinq cents planches, dont trois cent vingt-cinq
sont publiées. Il comporte la représentation du costume et de la
parure en général, des armes et des ustensiles qui s'y rattachent,
de l'intérieur de l'habitation et du mobilier, des moyens de trans-
port, etc. Chaque planche est l'objet d'une étude descriptive.

L'auteur est un de ces praticiens qui, au courant de toutes
les ressources industrielles du jour, savent y recourir selon le
besoin, et obtenir d'elles, entre autres par le secours de la pho-

tographie et de la photogravure, des justesses et des finesses dont les avantages se retrouvent dans toutes les parties de cette espèce du tour du monde historique, entrepris depuis plusieurs années.

M. Racinet étant attaché à la maison Didot, et, de plus, faisant partie de notre jury, nous n'insisterons pas davantage sur le mérite de son œuvre, assez prouvé, d'ailleurs, par son succès. Le *Costume historique* se traduit en Allemagne.

L'édition princeps de cet ouvrage est faite en deux formats, dont le prix diffère sensiblement, l'une coûtant la moitié de l'autre; cependant les documents y sont de même qualité et la matière intégralement semblable. C'est la première fois, croyons-nous, que, grâce aux ressources toutes modernes, permettant de certaines économies industrielles, des avantages de pareille nature ont été offerts simultanément au public.

3° A l'ensemble des cent planches de l'*Ornement polychrome*, assez connu pour qu'il suffise d'en énoncer le titre, on trouve ajoutée dans cette exposition une série nouvelle de planches devant y faire suite, et rapprochées intentionnellement pour permettre d'apprécier la différence des nouveaux documents. Cette suite, en cours d'exécution, est de l'auteur de *l'Ornement poly-chrome*, M. A. Racinet, et est poursuivie dans le même esprit.

4° La monographie de la *Céramique japonaise*, éditée en France et en Angleterre; des chromolithographies provenant des séries des *XVIIe et XVIIIe siècles*, par M. Paul Lacroix; de la *Peinture italienne*, par M. Paul Mantz; des modèles de *peintures décoratives*, par MM. Audsley, édition française et anglaise; enfin, des gravures sur bois empruntées aux illustrations du Walter Scott, en cours de publication, complètent l'exposition de la maison Firmin-Didot.

La Gazette des beaux-arts.

Ce recueil est trop connu pour qu'il y ait à l'apprécier ici, et comme c'est particulièrement au point de vue de l'image, exposée en un beau cadre, qui en contient des spécimens variés, que les travaux de la *Gazette des beaux-arts* ont été examinés, nous en reparlerons dans cette division de notre rapport.

M. Germer-Baillière.

Nous pourrions presque renvoyer de même à l'image l'exposition un peu trop laconique de cette librairie, d'un fonds si riche en ouvrages historiques, philosophiques et en livres scientifiques. Les gravures sur bois, exposées par la maison Germer-Baillière, appartiennent principalement à l'*Histoire illustrée du second Empire*, par Taxile Delord.

M. Ghio (Auguste).

Cette librairie paraît surtout vouée à la commission, et les étrangers peuvent s'y procurer des ouvrages français, anglais, allemands, russes, italiens, espagnols, arabes, etc., particulièrement des *Guides de la conversation* en dialogues usuels et familiers, en deux, trois, quatre et même six langues, s'ajoutant aux Dictionnaires dont cette maison fait aussi le négoce.

On y trouve également des ouvrages de littérature proprement dite, voyages, histoire, sciences, beaux-arts; et encore, des livres illustrés pour l'enfance et la jeunesse; aussi des atlas et des cartes, des globes terrestres, et tout un matériel d'enseignement. Les propres éditions de M. Ghio ne tiennent qu'une place restreinte dans cet ensemble volumineux.

MM. Godchaux et Cie.

Ces imprimeurs-éditeurs se sont créé depuis plusieurs années une place à part et importante par la spécialité de leur fabrication et édition des cahiers d'écriture à l'usage des écoles primaires. Dans le rapport sur l'Imprimerie et la Librairie à l'Exposition universelle de Philadelphie en 1876, M. René Fouret, membre du jury international, constate qu'à cette époque la maison Godchaux produisait déjà annuellement 25 à 30 millions de ces cahiers, d'un prix très modique, réglés, et portant en tête de chaque page un modèle d'écriture. L'impression en est faite mécaniquement, sur des rouleaux gravés en creux; c'est de la taille-douce imprimée sur papier continu et des deux côtés à la fois. Ce progrès équivaut à une création. MM. Godchaux en ont poursuivi les avantages et développé tout le parti commercial, en pratiquant aujourd'hui, à l'aide de nouvelles

machines de plus en plus perfectionnées, l'impression en taille-
douce des gravures de mode et même d'art, qui sortent maintenant de leur maison très convenablement tirées, contraire-
ment à la routine qui a si longtemps affirmé que la taille-douce
ne pouvait se passer du tampon et de l'essuyage de l'ouvrier.

Les vaillants qui font ainsi sortir des vieilles ornières, sont
de ceux que l'on se plaît à signaler.

MM. Gruel et Engelmann.

Ces jeunes gens, qui portent deux noms illustres dans la
reliure des livres, pour laquelle la maison Gruel est depuis
longtemps hors concours, exposent concurremment avec leurs
reliures, toujours d'excellente qualité et d'un goût remarquable,
une série d'illustrations gravées et d'autres, imprimées en chromolithographie, appartenant aux éditions qu'ils font eux-mêmes.
Ces productions sont des plus estimables, et sous le rapport du
choix ainsi que sous celui de l'exécution matérielle, elles sont
toutes de nature distinguée. Le vieux renom du grand-père de
M. Engelmann, qui fut le premier à pratiquer la chromolithographie d'une manière satisfaisante et d'une façon que le second
Engelmann devait encore améliorer en un nombre considérable
de travaux, marqués d'un coin excellent, ce renom qui est
une des gloires de la lithographie, ne paraît point devoir s'affaiblir entre les mains de ces jeunes gens, formés doublement à si
bonne école. Comme libraires-éditeurs, MM. Gruel et Engelmann n'étaient point hors concours, et le jury l'a reconnu d'autant plus facilement, que des encouragements à des héritiers de
cette sorte lui sont un plaisir à donner.

M. Jouaust.

Le catalogue de cette « librairie des bibliophiles », selon le
nom pris par cette maison, la désigne comme principalement
composée de livres d'amateurs, tirés à petit nombre, imprimés
en caractères elzéviriens, avec des encres de qualité supérieure,
sur papiers à la forme. Elle a des ouvrages à gravures, et vend
même, séparément, des eaux-fortes et des héliogravures.

Les publications tirées à petit nombre étant naturellement

dispendieuses, et l'acquisition des livres de haut luxe n'étant point facile pour tout le monde, la maison Jouaust a formé des collections dans lesquelles un tirage plus étendu, permet de se rapprocher des prix de la librairie courante.

Cette librairie compte deux fonds distincts, l'un de typographie pure, avec l'emploi des fleurons et lettres ornées insérés dans les textes ; et l'autre composé d'ouvrages à gravures et de publications relatives aux arts, dans lesquels la taille-douce et la photogravure tiennent une place plus ou moins importante.

C'est à cette seconde partie des ouvrages à gravures qu'appartiennent les livres dont la maison Jouaust a formé sa brillante exposition.

C'est de la collection désignée sous la rubrique de *Grandes Publications artistiques,* que sont tirés : *Comédiens et Comédiennes,* notices par M. F. Sarcey, gravures par MM. Gaucherel et Lalauze, paraissant en livraisons ; *Acteurs et Actrices du temps passé,* texte par M. Ch. Gueullette, gravures par M. Lalauze, même mode de publication; *Peintres et Sculpteurs,* texte par M. J. Claretie, gravures par M. L. Massard, paraissant également en livraisons ; *Théâtre de Molière,* gravures par M. Flameng, d'après M. Louis Leloir, en huit volumes, dont le dernier à paraître; *l'Épée et les Femmes,* texte et fleurons par M. Édouard de Beaumont, contenant cinq dessins inédits de M. Meissonier.

A côté de ces livres format grand in-8°, la maison Jouaust en produit du format in-16, provenant de sa *Petite Bibliothèque artistique* de contes et romans :

Confessions, de J.-J. Rousseau, avec eaux-fortes par M. Hédouin; *les Mille et une Nuits,* eaux-fortes par M. Lalauze; *la Physiologie du goût,* de Brillat-Savarin, avec nombreuses eaux-fortes de même dernier artiste, un des maîtres habituels de la maison.

Et enfin, provenant de la *Collection-Bijou* en format in-18 : *Psyché,* de la Fontaine, illustrée de gravures par M. Boutelié, d'après les dessins de M. Em. Levy, et d'ornements par M. Giacomelli.

Cette petite collection, où les eaux-fortes sont imprimées dans le texte, lequel est encadré en rouge, est l'objet de soins typographiques qui légitiment le nom de bijou, donné aux éditions de cette série, qui ne compte encore que quelques ouvrages.

Dans nos considérations générales, nous avons fait connaître ce que nous pensons de l'affectation du caractère elzévirien imperturbablement étendu à des auteurs de tous les âges ; nous aurions donc mauvaise grâce en cherchant à affaiblir ici ce que nous avons dit penser sur ce sujet. Mais ce que nous reconnaissons très volontiers, c'est que tout ce qui peut seconder cette préciosité est employé par la maison Jouaust avec une habileté soutenue et un véritable éclat. Aux belles impressions sur les papiers de Hollande, sur le Whatman, dont elle est coutumière, l'imprimerie Jouaust joint les tirages sur chine ou sur japon, et encore de certains exemplaires tirés sur peau vélin et sur parchemin ; ces derniers devant rester comme choses de grande curiosité, lorsque, comme la Psyché de Molière, on voit que cette tragédie-ballet ne se trouve imprimée sur peau vélin qu'à un seul exemplaire.

MM. Laplace, Sanchez et Cie.

Cette maison expose des paroissiens et des missels illustrés, dont elle fait un commerce important et qu'elle vend avec des reliures de toutes sortes, en chagrin, en veau, plaquées d'ivoire.

Les *Heures illustrées*, par Ch. Mathieu, avec leurs encadrements en chromolithographie, sont de ces volumes qui resteront comme de véritables petits chefs-d'œuvre.

Le *Théâtre français avant la Renaissance*, par Éd. Fournier ; les *Œuvres complètes de Molière*, avec les illustrations de MM. Geffroy, H. Allouard et Maurice Sand. Les œuvres de Pierre et de Thomas Corneille, celles de Marivaux, de Beaumarchais, etc., commentées par Éd. Thierry ou par Éd. Fournier, et ornées tantôt par Bertall, tantôt par M. Em. Bayard ; tous ouvrages que cette maison produit en de nouvelles éditions et recommandables à divers titres, font de l'exposition de la maison Laplace, Sanchez et Cie, sinon une chose très nouvelle, au moins une chose sérieusement intéressante.

Parmi ses ouvrages de luxe les plus récents, on doit signaler le *Paris sous Louis XIV*, par M. Aug. Maquet, volume grand in-4°, dont les monuments et vues sont des photogravures d'après les estampes du temps, imprimées dans le texte.

M. Lemonnyer (Jules).

Cet éditeur produit des spécimens de vignettes gravées par Duplessis-Bertaux pour les *Petits Conteurs* ; de gravures plus importantes tirées des contes de la Fontaine, illustrés par Fragonard ; enfin de dessins de Moreau le jeune, gravés par Ponce, Launay, et jusqu'à des spécimens en couleurs de gravures provenant des livres du xviiie siècle, qui sont tous, en général, des travaux estimables. Le soin y est soutenu ; et soit que M. Lemonnyer s'adresse aux manipulateurs des procédés pour obtenir des photogravures, soit qu'il fasse regraver à une échelle réduite, comme le Lancret fin et brillant que l'on remarque en son exposition, on sent dans ces publications l'intervention d'un homme de goût et d'expérience.

M. Martin-Boursin.

Cette librairie est surtout une maison de vente. Elle se donne comme spéciale pour les étrennes et les distributions de prix. On y trouve un grand choix de paroissiens et de livres de piété.

De son propre fonds, cette librairie est réellement peu riche, et ce ne sont pas des articles commerciaux comme *les Secrets de la beauté de l'homme et de la femme*, donnés comme étant un traité complet d'embellissement, ou d'autres certains traités de *guérison préventive*, qui méritent d'y fixer l'attention.

M. Monrocq (Jean-Noël).

Cet imprimeur-éditeur qui, depuis quelques années, a édité de nombreux modèles de dessins lithographiés au crayon, et imprimés sur pierre, réexpose aujourd'hui une partie de ces modèles additionnés de quelques productions coloriées, toutes imprimées maintenant sur zinc. Assurément, et malgré le choix que l'on fait des épreuves d'exposition, le résultat général présente moins de fermeté et de brillant que l'impression sur pierre ; mais comme l'emploi du zinc offre des économies des plus importantes, qui sont de plus en plus significatives lorsqu'il s'agit des grands formats, qu'il est certain que le zinc permet des entreprises que le coût des pierres lithographiques empêcherait immanquablement, qu'en un mot, ce mode d'impression adopté maintenant pour les tirages des cartes du dépôt de la guerre, offre les plus sérieux résultats, le jury a dû tenir compte à M. Monrocq de l'effort intelligent et courageux par lequel un fonds considérable transporté sur zinc se trouve conservé d'une manière avantageuse pour l'éditeur-imprimeur comme pour sa clientèle.

Librairie v^{ve} A. Morel et Cie.

La « Librairie centrale d'architecture, » fondée par Morel et M. Des Fossez, qui en est aujourd'hui le seul gérant, continue à tenir la place importante et distinguée que, la première, cette maison s'est acquise avec ses ouvrages spéciaux sur l'architecture et les arts appliqués à l'industrie.

A son fonds déjà si considérable, sont venus se joindre récemment les *Compositions et dessins de Viollet-le-Duc*, publiés sous le patronage du comité de l'œuvre du maître. Cette édition, format quart grand aigle, et comptant cent planches imprimées en chromolithographie, en héliogravure, en taille-douce et en typographie, ayant généralement le caractère du fac-similé, est du plus haut intérêt pour ceux qui veulent avoir en main les œuvres d'un dessinateur comme Viollet-le-Duc ; elle conserve, autant que possible, le coin personnel de la main qui les a tracés.

La Porcelaine de Chine, par M. O. du Sartel, formant un volume de 250 pages illustrées d'un grand nombre de figures, relatives à la fabrication, aux décors et aux marques, aux imitations et contrefaçons, accompagnées de 32 planches hors texte, dont 18 en chromolithographie, et 14 en héliogravure ou à l'eau-forte, est aussi une publication qui ajoute aux bons titres de la maison Morel.

L'Art pour tous, dirigé par M. Cl. Sauvageot, continue son œuvre encyclopédique de l'art industriel et décoratif, et l'on sait ce que cette publication bi-mensuelle a accumulé de renseignements depuis vingt années qu'elle paraît. Après M. Reiber, qui en a dirigé les premières années avec éclat, il était vraiment difficile de maintenir cette publication à un même niveau. La maison Morel a réussi, grâce au concours de M. Cl. Sauvageot, artiste habile et l'un de nos graveurs les plus expérimentés, à continuer l'œuvre qui a pris de plus en plus d'extension. Elle forme aujourd'hui un immense recueil de la plus grande utilité, d'une abondance qui ne se retrouve nulle part au même degré et de la même façon qu'en ce journal. Disposé pour pouvoir facilement former des séries, on en peut séparer les pages choisies dans toute la collection et les réunir en cahiers ou en volumes, selon l'ordre chronologique, le genre, ou le mode du style : ce qui a permis toute une division en recueils spéciaux de l'intérêt le plus immédiat, selon le genre que l'on veut étudier.

Le *Journal manuel de peintures*, traitant de la décoration, et dirigé par M. P. Chabat, est également une publication périodique que les années vont grossissant de manière à former un ensemble de plus en plus intéressant. C'est un journal mensuel. — La maison Morel, qui s'est ainsi constamment enrichie avec des ouvrages d'une périodicité plus ou moins large, comme l'*Encyclopédie d'architecture*, la *Gazette des architectes*, le *Journal du menuisier, du serrurier*, etc., continue à offrir le fonds le plus considérable de documents appartenant à toutes les époques de l'art. Avant 1857, époque où cette maison fut fondée, il n'existait aucune librairie s'occupant spécialement de la publication des livres d'art. Elle a été la première en date, et reste la première en fait par l'importance que lui donnent plus de 150 ouvrages spéciaux, dont la réunion forme une encyclopédie véritablement prodigieuse pour le peu d'ancienneté de cette entreprise.

M. Quantin (Albert).

Les anciennes maisons H. Fournier et J. Claye ont pris, sous la direction de M. A. Quantin, un développement considérable au point de vue des publications principalement artistiques.

L'imprimerie de M. Quantin fournit tout à la fois typographie, lithographie et taille-douce, — et depuis les héliogravures les plus fines jusqu'aux gillotages les plus ordinaires, depuis les impressions en couleur, hors texte et dans le texte, jusqu'aux eaux-fortes, on emploie dans cette maison tous les modes anciens et tous les procédés nouveaux; et on peut le dire, avec une intrépidité tout à fait particulière.

Dans les divisions de son catalogue, ce qui touche à l'art et à la curiosité, à l'archéologie, à l'enseignement des beaux-arts, etc., a acquis entre les mains de M. Quantin une importance capitale. La collection des *Grands Maîtres de l'art*, formant des monographies représentant les travaux des grands artistes de tous les pays et de toutes les époques, offre déjà une suite considérable en volumes in-folio colombier, soit grand, soit petit. L'œuvre complet de Rembrandt, décrit et commenté par Charles Blanc, comprend 350 reproductions parmi lesquelles les gravures originales sont faites en grandeur naturelle, c'est-à-dire par des héliogravures sans retouche, dont une partie hors format forme un album mesurant 62/80 centimètres. La monographie de *Jean Bologne*, par M. Abel Desjardins, est à la veille de paraître, et sont déjà toutes publiées celles concernant Antoine Van Dyck. Hans Holbein, François Boucher, Lemoine et Natoire, Albert Durer, Millet, Eugène Fromentin, J.-B. Carpeaux (ces deux dernières in-8° raisin), dont les auteurs sont MM. J. Guiffrey, Paul Mantz, Ch. Ephrussi, Louis Gonse, Ernest Chesneau.

M. Quantin a réalisé bien d'autres entreprises que ces monographies des grands maîtres, et on est étonné de la quantité des produits sortis de ses presses en un laps de temps réellement court. Il y a là une activité vraiment prodigieuse, et qui met cette maison tout à fait en relief.

M. Quantin ne pouvait, pour une production aussi considérable, et étant donnée l'époque de recherches, de tâtonnements pour l'application des procédés de toutes sortes qu'il a eu le courage d'expérimenter tour à tour, M. Quantin ne pouvait assurément être toujours servi selon ses désirs. Les productions qu'il expose d'ailleurs dans leur ensemble, ne pouvaient toutes être également satisfaisantes. Si on les confondait toutes dans une estimation banale, l'éditeur s'en étonnerait assurément lui-même, et ne priserait pas, comme sérieuse, une appréciation de cette généralité. Il serait difficile d'affirmer que plus de circonspection eût été préférable, puisque de l'expérience des choses faites on sent maintenant se dégager de plus en plus le goût d'une librairie qui s'épure, et compte maintenant parmi nos meilleures, où même sa place à part devient de premier rang. Ainsi que l'on en peut juger par des ouvrages en cours de publication, comme ceux dont elle compose sa bibliothèque archéologique, et principalement la remarquable *Renaissance en France*, par M. Léon Palustre, dont les illustrations sont dirigées par M. Eug. Sadoux. Cette œuvre, dont les eaux-fortes pour le texte sont imprimées directement sur le papier de l'ouvrage, comme en usaient nos devanciers du xviii* siècle, avec leurs images insérées dans les textes, est de la belle et bonne librairie de haut style. Toutes ces illustrations, aussi bien celles des pages, que celles à part, également faites avec des vues prises sur les lieux mêmes, sont d'une exactitude de détail qui fera de cette publication une œuvre d'un vif cachet artistique, et d'une utilité sérieuse, dépassant de beaucoup ce qui a été fait en ce genre jusqu'à présent. On ne peut donc que crier courage à des efforts de cette nature, en leur souhaitant la persévérance et la bonne fortune qu'elles méritent.

Et il en est de même pour ce qui concerne la *Revue des arts décoratifs*, dirigée par M. V. Champier, paraissant chaque mois, parvenue à la troisième année et que la maison Quantin qui l'a fondée, poursuit avec un succès mérité. De même encore pour cette autre revue mensuelle, *le Livre*, dont le rédacteur en chef est M. Octave Uzanne, et qui est de même date. Ce sont deux expressions différentes : la seconde de bibliophilie technique et critique avec illustrations dans le texte et hors texte ; la première illustrée de même sorte, mais relative à la décoration ornementale, aux arts industriels. Toutes deux comblent une véritable lacune, et à tous les points de vue il est désirable de les voir prospérer dans l'intérêt du public, non moins que pour celui du courageux éditeur.

La *Bibliothèque de l'enseignement et des beaux-arts*, publiée sous le patronage de l'administration des Beaux-arts et formée d'une suite de volumes à 3 fr. illustrés chacun de 80 à 150 gravures, dont les seuls noms d'auteurs disent toute l'importance et la portée du travail, MM. Henri Delaborde, Eug. Muntz, Eug. Guillaume, Paul Mantz, de Ronchaud, Ph. Burty, de Chennevières, Gerpasch, etc., etc., traitant chacun une spécialité, sera assurément, en se continuant comme elle a été commencée, une des entreprises les plus sérieusement utiles de ce temps.

La maison Quantin compte à son avoir une des expressions les plus complètes de la librairie moderne, c'est *la Hollande à vol d'oiseau*, par M. Henry Havard, illustrée par M. Maxime Lalanne. Le talent de l'artiste qui a dessiné toutes les pages hors texte, reproduites en héliogravure, et les vignettes de texte, mises en relief typographique, sont autant de fac-similés d'originaux d'une valeur égale, qui procurent à ce livre charmant une unité artistique vraiment rare, des plus précieuses, et qui est le propre des véritables œuvres d'élite.

M. Robuchon.

Ce libraire expose des pages tirées de la monographie sur l'Aunis et l'Anjou (voir à la Photographie).

Société de l'Imprimerie générale. — **M. Lahure (Alexis),** directeur.

Nous avons assez longuement parlé du *Conte de l'Archer*, par M. Armand Silvestre, de ses illustrations en plein texte imprimées en couleur, c'est-à-dire en chromotypographie, pour n'y point insister davantage. Nous n'exprimerons qu'un regret à propos de cet ouvrage, c'est que, selon le prospectus il ne doive y avoir, en fait d'exemplaires à un bon marché déjà très relatif, 25 francs, qu'un tirage à petit nombre. Que l'on fasse des exemplaires numérotés de 1 à 50, d'autres de 51 à 100, et d'autres encore de 101 à 225, du prix de 250, 175 et 100 francs, selon le papier du Japon employé et le tirage du trait et des aquarelles, à part ou non, ceci regarde les amateurs ; mais il nous paraît regrettable, pour le public, que sans le fixer d'ailleurs, on n'annonce qu'un tirage à petit nombre qui fasse encore de ceux qui pourront s'en procurer de véritables privilégiés.

Le *Conte de l'Archer* inaugure la collection Lahure, dit le prospectus. Pourquoi, en inaugurant un genre charmant, les éditeurs ne chercheraient-ils point à lui donner le plus d'extension possible ?

L'imprimerie Lahure, parmi les divers genres d'impressions chromotypographiques dont elle expose de nombreux échantillons, obligations fiduciaires, étiquettes pour le commerce, couvertures pour cartonnages, images pour catalogues, offrant des résultats généralement satisfaisants, produit quelques spécimens d'illustrations provenant d'une série d'albums destinés à l'enfance et publiés par la maison Hachette, tels que la *Diligence de Ploermel*, dessins de Quatrelles et de M. Eug. Courboin, qui formeront ainsi que le *Musée de la jeunesse*, journal édité par M. Baschet, une imagerie en couleurs du genre des ouvrages anglais pour enfants, mais d'une facture de métier supérieure à ce qui se fait dans ce but chez nos voisins d'Angleterre et d'Allemagne.

MM. Rouveyre et Blond.

Nous avons remarqué particulièrement dans l'exposition de cette librairie *Pierrot sceptique*, par MM. Léon Hennique et J.-K. Huysmans, plaquette in-8° ornée de dessins de M. Jules Chéret ; le *Conte de l'Archer*, dont MM. Rouveyre et Blond sont les éditeurs avec la maison Lahure ; un petit in-8° imprimé avec grand luxe, orné de six eaux-fortes tirées en couleurs et intitulé *le Culte*, par Satin, ouvrant une série publiée sous la rubrique *Monologues parisiens;* quelques dessins originaux de M. Grévaz, héliogravés par M. Arentz, pour une illustration de *Denise*, de M. Aurélien Scholl ; enfin le premier volume d'un *Voltaire, Bibliographie de ses œuvres*, par M. Georges Bengesco, qui doit en compter trois et a tous les caractères d'un ouvrage définitif.

M. Ed. Rouveyre qui a traité des *Connaissances nécessaires à un bibliophile* en un ouvrage estimé qui en est à sa troisième édition, dirige une librairie dont le catalogue est fort varié, et c'est par séries qu'on y compte les réimpressions de chroniques

plus ou moins secrètes sur les mœurs du xviii° siècle, où tout
a été à peu près récolté, depuis le portefeuille du roué de l'époque de la Régence jusqu'au portefeuille du talon rouge du temps
de Louis XVI, auquel succède le portefeuille de l'incroyable du
Directoire. Une suite de *Contes gaillards* et de *Nouvelles pari-
siennes* dus à des plumes modernes, relie le présent au passé de
ces renseignements particuliers, publiés généralement avec un
luxe véritable et un goût de nature à satisfaire les délicatesses
matérielles de l'amateur du livre.

L'Art Journal.

Cette revue anglaise a exposé un assez grand nombre de ses
pages et de ses illustrations hors texte et dans le texte. C'est une
feuille dont l'esprit et la rédaction sont estimés ; sa composition
typographique et ses impressions sont de bonne qualité ; les
gravures représentatives d'objets d'art, suffisantes pour l'œuvre, sont d'une exécution soutenue qui contribue à l'ensemble
de la très bonne physionomie du recueil.

M. Lièvre.

Les pages du *Musée graphique* exposées par cet artiste sont
autant de bons titres ajoutés à son œuvre estimée et déjà si considérable. On connaît la justesse avec laquelle M. Lièvre fixe son
choix, le soin qu'il apporte dans l'étude des objets typiques, le
goût et le savoir qu'il met dans leurs reproductions. Les exemples
exposés sont imprimés en couleur, ce qui parfait les bons modèles
du *Musée graphique*, qu'il est désirable de voir multiplier autant
que possible.

M. Lebet.

L'ouvrage exposé par cet éditeur : *les Oiseaux dans la Nature*,
ne manque pas d'un certain attrait, et il y a là un effort qui ne
doit pas passer inaperçu. Toutefois il est regrettable que le sujet
principal, c'est-à-dire l'oiseau, se trouve en quelque sorte noyé
au milieu des intensités trop vives des colorations de son entou-
rage ; c'est une erreur que l'éditeur doit regretter, et à laquelle
nous lui conseillons d'obvier en cas de seconde édition de son
recueil auquel ces lourdeurs nuisent.

M. Marc (Auguste).

Les pages du journal *l'Illustration* exposées par son directeur, sont des plus remarquables. Elles prouvent avec éclat ce qui est dit ci-dessus au sujet de la valeur de l'école actuelle de la gravure sur bois. Les quelques œuvres de M. Pannemaker qui y figurent, sont de ces productions qui ont élevé le genre à sa plus complète expression. Le travail en est toujours des plus francs, qu'il s'agisse de la transparence des chairs ou des vigueurs graduées qui les font valoir. L'ensemble de pages doubles comme celle, entr'autres, où toute une foule charmante d'enfants apparaît si diversement dans la lumière ou dans la pénombre, offre tout à la fois des finesses et des fermetés qui ont rallié l'admiration des amateurs et de tous les artistes lors de son apparition. Des résultats de cette valeur, obtenus avec les moyens, en quelque sorte loyaux du métier, c'est-à-dire d'apparence simple et limpide, et d'un travail qui semble le mieux convenir à la gravure sur bois, équivalent à de véritables leçons, et caractérisent heureusement le génie de cet art, qui, par ses ressources franches et sans imiter les travaux de la taille-douce, arrive à obtenir des effets de translucidité et de vigueur qui sont généralement le propre de cette dernière.

M. Marc a joint à ces gravures sur bois quelques autres pages de grand format obtenues par des mises en relief à l'aide de procédés; celles de M. Bodmer, entre autres, dont on connaît la valeur et le charme, n'ont point besoin d'éloges.

M. Mouchon.

Cet exposant est un graveur-dessinateur dont les aptitudes sont fort diverses, du moins à en juger par la variété des applications qu'il leur donne. M. Mouchon expose comme étant son œuvre personnelle :

1° Des reliefs typographiques sur acier pour l'estampage ou non; des gravures typographiques sur acier, pour la fonte des caractères d'imprimerie; des gravures typographiques sur bronze, bois, zinc ou gillotage, cuivre ou électrographie, et encore sur bronze pour la dorure sur cuir.

2° Des creux, gravés à l'eau-forte sur cuivre et acier; au

burin, pour timbrage en couleur; des héliogravures sans retouches.

3° De la glyptique. Gravure en médailles; en cachets; en
timbres secs;

4° Des dessins, des aquarelles, des brochures.

M. Mouchon a su apporter dans le travail de patience que
demande la gravure des timbres humides et secs, comme ceux
des Bons du Trésor, des timbres-poste, des télégrammes, ceux
des quittances et ceux des effets de commerce, qu'il a exécutés
pour le gouvernement français, pour les particuliers, et aussi
pour l'étranger, des qualités très sérieuses. Il a su, en homme
habile, se faire une espèce de monopole dans ce genre de travail
en employant, judicieusement, l'héliogravure comme auxiliaire.

Le Livre d'Heures selon le rit romain, édité par M. Ed. Monnoyer, et dont M. Mouchon a dessiné et gravé les vignettes mar-
ginales d'après les anciens livres de Pigouchet, Simon Vostre,
Kerver, est une production qui fait honneur à la fine précision
du burin de ce graveur consciencieux.

Pour le moment, M. Mouchon poursuit une autre œuvre se
rapprochant de cette dernière; il grave sur bronze un Simon
Vostre pour la maison Curmer, poussant le soin jusqu'à fournir
lui-même les types des caractères qui seront employés pour le
texte de ce livre.

Des spécialistes comme M. Mouchon doivent être encouragés.
Le jury apprécie le mérite et l'utilité de travaux comme la plupart de ceux qui lui ont été soumis. L'enthousiasme même du
praticien, absorbé dans son œuvre, ne lui déplait pas; et, lorsque
occupé de petits travaux, tels que chiffres, armoiries, lettrines,
marques, etc., le praticien signale que le genre spécial de leur
gravure sur bois exige un fini plus difficultueux que les effets
surprenants obtenus à peu de frais dans le genre pittoresque, le
jury ne s'en étonne pas. Mais lorsque des conclusions découlant de cette donnée arrivent à faire croire que les productions
minuscules, exigeant principalement de la propreté, deviennent
d'un ordre supérieur aux gravures de tout autre genre, le jury
ne saurait admettre ces prétentions, bien qu'elles soient émises
avec la bonne foi d'un entraînement sincère: il ne peut que ré-

pondre simplement : « l'art et l'industrie ne se pèsent point dans la même balance. »

M. Poyet.

Cette exposition de gravures sur bois comporte des reproductions de machines, d'appareils mécaniques propres à la science et à l'industrie, en même temps que quelques spécimens du monde des arts décoratifs. La mécanique générale et l'illustration d'ouvrages scientifiques semblent les principales spécialités de l'atelier de M. Poyet, dont les productions sont fort estimables. La fermeté et le brillant de ses gravures donnent presque de l'attrait aux hélices et aux engrenages. Cet attrait est fort sensible dans la reproduction délicate des objets mobiliers de caractère artistique, dont M. Poyet a produit de fins spécimens.

M. Rose (Victor).

Ce dessinateur-graveur de machines n'est plus à faire connaître. Aujourd'hui que l'on use si largement de l'empreinte photographique sur bois, obtenue autant que possible, d'après nature, ou d'après des dessins de grande échelle conservant dans la réduction toutes les justesses du détail, la gravure des machines donne des résultats tout à fait satisfaisants. Dessins et gravures, M. Rose en expose également, et la qualité de ces productions confirme la réputation que ce spécialiste s'est justement acquise.

M. Tissot.

La collection nombreuse de gravures en taille-douce envoyées de Londres par cet artiste forme une exposition des plus attrayantes. Le peintre, en parfaisant ses eaux-fortes, se joue avec les difficultés d'un métier dont il s'est rendu maître pour en tirer des effets d'un caractère tout personnel, charmants d'imprévu dans la transparence des pénombres.

Mais ce cachet particulier, toujours si précieux, véritablement rare, a causé au Jury un certain embarras; car il n'a pu trouver où classer avec justesse, dans le milieu où son examen avait à s'exercer, des productions qui semblent surtout appelées à figurer dans quelque salon des beaux-arts. Ayant pour principale mission de rechercher le « beau dans l'utile », l'étudiant dans les recueils spéciaux, et, généralement, dans les suites qui ont pour but la vulgarisation des choses consacrées, la commission, en reconnaissant qu'une œuvre originale comme celle de M. Tissot, ne pouvait être classée qu'en première ligne, ne pouvait se résoudre à détourner une récompense de premier ordre (lesquelles sont étroitement limitées) des travaux de ceux qui s'efforcent de répondre aux programmes de l'Union Centrale. C'est en cette extrémité que le Jury a décidé, dans l'intérêt même de l'artiste, auquel un rang secondaire ne pouvait suffire, qu'il ne serait attribué à M. Tissot aucune autre récompense expresse que les termes mêmes de son rapport, constatant le mérite de l'exposant, en même temps que les motifs trop plausibles d'une abstention qui, loin d'être négative, est au contraire, de la part de la commission, une affirmation très réelle de l'estime inspirée par les travaux de M. Tissot.

MM. Tuck et fils.

Cette maison anglaise a envoyé des *oléographies* et des *chromolithographies* ; la commission ne s'est occupée que de ces dernières. Elles sont nombreuses, et il y en a toute une série ayant pour but l'imitation de la peinture à l'huile, de manière à faire illusion lorsque l'estampe vernissée se présente sous les bordures d'un cadre. On sait que ce genre d'impression est maintenant l'objet d'un négoce qui s'est singulièrement accru depuis quelques années.

La moyenne des productions exposées n'est point sans mérite, et on y remarque même, parmi les paysages montrés sous bordure, quelques imitations d'un effet général fort bien entendu.

Le principal écueil de ce genre concerne le rendu de la figure humaine, dans lequel les faiblesses de l'exécutant s'accusent le plus impitoyablement. La maison Tuck doit braver ces inconvénients comme tous ceux du même genre, car le commerce l'exige ; la représentation des scènes de la vie humaine étant toujours celle pour laquelle l'homme montre le plus de prédilection.

Le Jury a constaté que, malgré quelques lourdeurs, le dessin des figures des suites d'estampes de MM. Tuck et fils restait cependant d'une certaine qualité, assez généralement soutenue pour que cette maison se distingue entre les fabricants de ce genre.

M. Chardon, MM. Lemercier et Cie, M. Dalloz, Société de publications périodiques.

Qu'ajouterions-nous au mérite de M. Chardon, l'imprimeur en taille-douce, dont le nom s'indique dans les catalogues de librairie? qu'avons-nous besoin de donner au public l'assurance de la beauté de n'importe quelle vignette insérée dans le livre, de même que des plus importantes pages du burin moderne, tirées par cette maison, et de quelle utilité serait-il de nous arrêter sur une exposition comme celle de la maison Lemercier et Cie, dont les lithographies, photogravures, photoglyptie, gravures, etc., sont connues de tous? Ces vieilles maisons restent à la hauteur de leur réputation; et le prouvent en ne craignant point de montrer leurs productions en regard de tout ce qui se fait en dehors de chez elles. Ce sont là d'illustres hors-concours que leur participation désintéressée à des expositions comme celle-ci, honore réellement; et nous en dirons tout autant à l'*imprimerie de la Société anonyme de publications périodiques,* avec ses impressions en tous genres, et ses typographie, chromo-typographie, chromo-lithographie, phototypie, photoglyptie, zincographie, stéréotypie, galvanoplastie, sa taille-douce, et ses gravures sur pierre, sur bois, ou encore sa gravure chimique, avec lesquelles cette Société montre si largement qu'aucun progrès ne lui est indifférent, et qu'elle sait se les assurer tous.

MM. G. Marienval et Cie.

Les jurys ont quelquefois des extensions de mission imprévues.

C'est ainsi que, en raison de la difficulté du classement d'un produit spécial, il s'est trouvé avoir à examiner, parmi l'Exposition collective des fabricants de fleurs artificielles et plantes décoratives, ceux de ces produits confectionnés avec du papier.

Ce pavillon des fleurs, occupé par quelques meubles élégants couverts çà et là par des bouquets d'iris, tubéreuses, glaïeuls, etc., était d'un ensemble charmant ; et avec ses roses grimpantes, ses glycines aux couleurs tendres, ses roses trémières, ses œillets découpés et panachés, l'art décoratif y était appliqué de manière à faire illusion. L'œil hésitait donc à affirmer que telle pivoine n'était point naturelle, que telle corbeille de capucines était en étoffe, à bien plus forte raison si telle guirlande de roses de toutes nuances, courant au plafond en se mêlant à des vignes vierges, à des lierres, était composée, fleurs et feuillages, avec du papier, comme, en effet, elle l'était. Ce papier, à transparence de pellicule, colorié avec de grandes délicatesses de ton, donne, entre les mains de l'ouvrière d'un goût habile, des résultats vraiment surprenants pour l'imitation des productions végétales, énergiques dans leur caprice. Les jolies guirlandes faites ainsi paraissent convenir particulièrement à la décoration suspendue. Grâce à elles, une chambre prend l'aspect d'une véritable serre. Le toucher seul peut détruire l'illusion ; et le jury, qui ne s'attendait guère à cet examen, n'a pu que féliciter M. G. Marienval pour ce nouveau et intéressant produit.

L'IMAGE

M. Baude (Charles).

Graveur sur bois, M. Baude est l'un des maîtres du genre. Sa manière large et franche est d'un coloriste qui excelle particulièrement à mettre en belle valeur des figures isolées formant des estampes dont la composition, bien entendue, donne des pages de riche physionomie. La souplesse du talent de l'artiste se prête à des effets très divers et, si heureusement, que l'on ne sait ce que l'on doit le plus estimer dans son œuvre, des belles chairs à la Rubens mises en valeur par les oppositions vigoureusement soutenues des étoffes et des fonds, comme on le voit dans le portrait de Mlle Croizette, ou lorsque, tout différemment, chairs, étoffes et fond, étant produits dans un éclat lumineux, avec la seule différence de tons de rapports des plus fins, on rencontre une estampe de tout autre aspect, ainsi que le prouve le portrait de Mlle Sarah Bernhardt, d'après M. Bastien-Lepage. M. Baude est un de ces habiles que nous avons montrés comme formant toute une école nouvelle et de sérieuse importance, qui fait aujourd'hui de la gravure sur bois un art d'autant plus intéressant que l'économie de l'impression typographique lui assure la plus large vulgarisation.

M. Bertrand (Aristide-Louis).

Les gravures sur bois exposées par M. Bertrand sont d'un travail estimable. L'ensemble est d'une production moyenne, et généralement suffisante pour le but proposé. On y remarque des cristaux gravés, heureusement rendus, traités d'une manière simple et ferme qui convient bien pour assurer l'effet limpide nécessaire, tout en conservant les détails d'une riche ornementation, non sacrifiés au besoin d'un effet général.

M. L. Danel, de Lille.

Cette importante imprimerie, datant de la fin du xviiª siècle.
est un de ces établissements dont le fonctionnement dépasse de
beaucoup les rayonnements locaux. Ce fut une typographie
publiant des livres liturgiques et des classiques ; mais elle a su
suivre le progrès des industries, et aujourd'hui elle expose ses
productions en trois tableaux qui, par la variété de leurs spéci
mens, disent assez jusqu'où elle a étendu son action.

Le premier cadre est typographique. — On y remarque des
« actions, des reproductions en caractères gothiques, des gravures pour des publications scientifiques, etc. » — Cette typographie en noir, qui a spécialement pour but les travaux admi-
nistratifs, chemins de fer, trésorerie générale, imprimés de la
Banque de France, etc., comporte aussi de nombreux volumes
et mémoires des sociétés savantes, industrielles, d'agriculture,
de botanique, d'hygiène ; sans compter les thèses d'examen de
doctorat, de licence et les ouvrages de ville ; les notaires, les
avoués, comme aussi les catalogues des libraires et des publications périodiques.

Le second cadre est lithographique ; il contient une remarquable carte du réseau central des chemins de fer de l'Europe ;
des dessins archéologiques pour des monographies ; de la numismatique ; des fac-similés de gravures sur cuivre, etc.

Parmi les chromotypographies, formant le troisième cadre,
figurent des reproductions de reliures anciennes : une tapisserie
du grand ouvrage de M. Lièvre, de la céramique ; toutes productions estimables ; puis, et surtout, les impressions en couleurs qui sont la grande spécialité de la maison Danel, et qui
répondent aux besoins du commerce ; ce sont des tableaux pour
merciers et des étiquettes de toutes sortes pour fileterie, parfumerie, vins, encres, etc. On voit encore, en ce troisième tableau,
quelques pages du catalogue de l'exposition des imprimeurs,
véritable monument d'art, auquel MM. Danel, de Lille, Crété,
de Corbeil, Darantière, de Dijon, Monnoyer, du Mans, Oudin
frères, de Poitiers, ont été invités à collaborer depuis 1881,
époque où ce catalogue a cessé d'être uniquement l'œuvre des
imprimeurs parisiens.

Par la congrève ou chromotypographie, la maison Danel s'est assurée, en ce qui touche aux besoins du commerce, une supériorité incontestable. Ses productions sont reconnaissables par la valeur incomparable des couleurs, gardant tout leur lustre sur le brillant de papiers lissés de manière que l'impression d'une netteté remarquable s'y conserve intacte.

Une imprimerie comme cette typographie lilloise est d'une complication administrative que bien des gens ne soupçonnent guère. La maison de M. Léonard Danel, dans laquelle fonctionne une fonderie de caractères qui alimente entièrement la composition de la maison, livre, par semaine, à sa clientèle commerciale, 12,000.000 d'étiquettes, rondes, ovales, irrégulières, toutes découpées chez elle. Sans compter l'immense matériel pour l'impression, les doreuses, les satinoirs, les broyeuses pour couleurs, les machines à rogner et à régler, les épousseteuses, les ateliers de serrurerie et de menuiserie pour l'entretien et les réparations de l'outillage, il lui faut, pour les travaux préliminaires des impressions en couleurs, tout un atelier de photographie, de photogravure, de gravure des poinçons, de clichage, d'ajustage des clichés ; comme il lui en faut encore un autre, et de larges proportions, pour le couchage du papier avec le blanc de baryte, ou avec des couleurs diverses ; comme il en faut aussi pour le gommage, le pliage, la rognure, la brochure, la reliure, et la fabrication des registres.

La vieille maison Danel, deux fois centenaire, détruite par un incendie en 1874, reconstruite en moins d'une année, et fonctionnant de nouveau avec une action de plus en plus étendue, a une clientèle qui, nous l'avons dit, dépasse de beaucoup la localité lilloise; ses clients, fabricants de fils à coudre, de tissus, raffineurs de sucre, fabricants de chocolat, de liqueurs, de parfumerie, d'encres, de cirages, de denrées alimentaires, etc., sont à Paris, Lyon, Privas, Cholet, Nantes, Bordeaux, Marseille, le Havre, Saint-Quentin, sans compter la Belgique, l'Allemagne, l'Irlande, l'Italie.

C'est qu'en effet, avec quinze coupeuses à bras (massicots), et les emporte-pièce pour les découpages au maillet, donnant chaque année plus de 600 millions d'étiquettes à livrer, il faut des débouchés assez larges dont, sans ces chiffres, on ne pourrait soupçonner l'importance et dont les avantages ne se trouvent assurés à la France que depuis 1840, époque où la maison Danel s'est complétée par des ateliers d'impression dite à la *congrève*, pour la fabrication des étiquettes en couleur, par procédés typographiques.

M. Dopter.

Cet imprimeur-éditeur expose quelques lithographies pour albums, des modèles de décoration pour les carrelages en faïence, et une suite d'estampes de petite dimension, publiées sous une rubrique commune : « l'Instruction par l'Image. » On y rencontre des portraits d'hommes célèbres et des figures historiques. Ces chromolithographies sont, généralement, d'un bon métier, d'agréable aspect, et méritent une certaine estime.

M. Dumont.

Dessinateur et graveur sur bois, M. Dumont a exposé tout un ensemble curieux à voir des diverses phases d'exécution d'une gravure sur bois. Depuis la planche de buis préparée pour le dessin, le dessin même, la photographie y imprimée, etc., jusqu'au cliché en cuivre obtenu par la galvanoplastie, ou encore au cliché en nickel pour les grands tirages des timbres-poste, billets de banque, etc. De plus, un certain nombre d'épreuves de gravures exécutées pour diverses publications et spécimens de fonds d'actions. La grande épreuve de ce dernier genre, qui occupe le centre du cadre d'exposition de M. Dumont, est un travail tout à fait remarquable, où l'habileté éprouvée du praticien se montre dans toute sa valeur.

M. Fabré (Théodore).

C'est en qualité d'éditeur que M. Fabré expose une suite de fac-similés de dessins de François Boucher, reproduits avec les relevés en couleur des originaux, par G.-W. Thornley, dessinateur de talent et habile lithographe.

Cette œuvre diffère essentiellement des travaux de Wattier, qui a usé de la lithographie pour reproduire les gravures en

manière de crayon des Desmarteau et autres graveurs de ce
genre qui, sous la direction de Boucher lui-même, le reprodui-
saient de son temps. Wattier, fin dessinateur d'ailleurs, n'a fait
que vulgariser des choses déjà publiées. Le travail de M. Thornley
est tout à la fois plus neuf et plus complet ; d'abord il reproduit
au crayon des originaux inédits tracés au crayon, sans le travail
fade de la roulette qui n'en est que la simulation ; puis à ce rapport de la facture avec celle des originaux, se joint le charme
des relevés en couleur, dont le maître savait si spirituellement
se servir pour mettre en valeur artistique ses esquisses de toutes
sortes.

Enfin, soit qu'il s'agisse de papiers plus ou moins blancs, ou
plus ou moins chauds, dont le peintre tire parti avec des rehauts
de blanc et de sanguine, soit que l'étude sur papier bleuté se
trouve relevée grassement par le simple crayon blanc, l'aspect
des dessins originaux est conservé d'une manière frappante
dans ces reproductions, dont quelques duretés n'empêchent pas
le charme, et qui composent un excellent portefeuille d'une unité
tout à fait intéressante.

M. Fichot (Charles).

Cet artiste, dont le nom est si connu dans le monde archéologique pour les nombreux travaux qu'il y a réalisés, est un de
ces dessinateurs consciencieux dont l'œuvre devient doublement
utile lorsqu'ils parviennent à donner à leurs productions un but
étroitement défini ; de manière que toute une suite de dessins considérable, traités avec soin et justesse, et appelés par le
texte d'un ouvrage, procure une illustration du caractère le plus
fécond pour l'étude.

C'est ce mérite et cet intérêt qui marquent de leur coin particulier la *Statistique départementale du département de l'Aube*,
que poursuit de la plume et du crayon M. Fichot, auquel ce travail de bénédictin en cours de publication et d'un certain avan-
cement fait déjà grand honneur ; il est du genre de ces études
monographiques dont notre commission, appréciant les difficultés et l'utilité, fait le plus grand cas et nous croyons devoir lui
en témoigner ici toute notre satisfaction.

Gazette des Beaux-Arts.

Cette revue a exposé des volumes et des tableaux contenant des gravures. On connaît le caractère de cette publication et les services qu'elle rend ; il serait donc puéril d'y insister. Le cadre de ses gravures est d'une composition dont il nous suffira d'indiquer les auteurs pour en rappeler le charme et la sérieuse valeur :

Portrait de M. Richard Wallace, gravé par Jacquemard, d'après Baudry ;

Portrait de Mme Devauçay, gravé par Flameng, d'après Ingres ;

Portrait d'une vieille dame, gravé par Rajon, d'après Rembrandt ;

Portrait de M. Alex. Dumas, gravé par Mongin, d'après Meissonier ;

Les Femmes d'Utrecht, gravé par Flameng, d'après Rembrandt ;

Le Valet de chiens, par Gérôme, procédé Goupil ;

Maréchalerie de village, Veyrassat, pinxit et sculpsit ;

La Sulamite, gravé par Flameng, d'après Cabanel ;

La Jeune Fille au manchon, gravé par La Guillermie, d'après Reynolds ;

Amateurs de peinture, de Meissonier, gravé par Flameng.

Portrait du duc de Reichstadt, école anglaise, gravé par Lalauze ;

Les dessins des maitres anciens, exposés à l'École des Beaux-Arts en 1879, étude par M. le marquis de Chennevières, eaux-fortes.

M. Huot (Paul-Gustave).

L'exposition de ce graveur héraldiste est assez considérable, et se compose d'épreuves de gravures « artistiques » et commerciales, c'est-à-dire, pour la plupart, de vignettes plus ou moins ornementées pour têtes de lettres, cartes-adresses, etc. Ces productions, d'une extrême finesse de métier, paraissent souvent poussées à l'effet avec quelque excès. Toutefois, le graveur qui a affaire au public doit être, plus que nous, à même de savoir ce

que ses clients préfèrent. M. Huot est d'autant plus à même de
se fixer sur ce sujet que, parmi les productions qui ont passé
sous les yeux du jury, celles qu'il a montrées comme les plus
récentes, nous ont paru tout à la fois de composition plus simple
d'aspect et d'effet plus sobre, ce qui semble un double progrès
dont on doit féliciter cet adroit spécialiste.

M. Ikelmer.

Cet éditeur, fabrique des sphères terrestres et célestes pour
l'enseignement adopté par le ministère de l'instruction publique
pour toutes les écoles. Les globes terrestres contiennent les
découvertes les plus récentes de Livingstone, Stanley, Cameron
et Nordenskjold, d'après les documents officiels. M. Ikelmer a
appelé l'attention du jury sur une sphère montée sur pied bois
noir avec l'inclinaison de l'écliptique, d'une rotation facile, ayant
un diamètre de 33 centimètres et se vendant 16 francs. Elle est
à la fois solide et légère, et fort demandée pour les écoles. Il
semble difficile de produire à meilleur marché des globes de ce
volume dont la gravure est nette et l'impression d'un noir soutenu et de qualité suffisante pour la clarté des démonstrations.
Les globes ardoisés et divisés par les degrés qui y sont tracés
en creux, pour l'exercice des tracés géographiques qu'y font
les élèves, complètent cette exposition intéressante.

LA RELIURE

— —

Les exposants relieurs sont exclusivement parisiens; mais, quoique leur nombre soit relativement restreint, l'exposition est encore assez considérable pour qu'il soit permis d'y constater que, au point de vue artistique ou industriel, la reliure continue à être en progrès.

Toutefois il importe de définir la nature de ce progrès, qui consiste surtout dans la reproduction des types consacrés. L'habileté des graveurs des fers à dorer, l'adresse de l'artisan, la bonne qualité des matériaux employés, se combinent pour ces améliorations. Dans les différents formats où se répètent les choses connues, on observe de mieux en mieux la justesse des grandes répartitions ainsi que la perfection des détails, et ce n'est point la bonne entente de l'ensemble ni la finesse d'exécution qui font défaut. Joli emploi des fers à dorer et adroite application des mosaïques, nos relieurs égalent tout ce qui s'est fait dans le passé, que quelquefois même ils surpassent au point de vue matériel. Seulement, les modernes ont véritablement peine à sortir de l'étreinte que leur impose l'imitation des Grolier, des Gascon, des Padeloup ou des Derôme, que semble exiger d'eux le goût des amateurs.

Ces modèles charmants, à des titres divers, que l'on sait reproduire aujourd'hui avec tant de bonheur, deviennent, en réalité, d'une grande gêne pour les innovateurs. Ceux-ci se trouvent tenus de fournir, en regard des types éprouvés, des inventions de nature à rivaliser avec des choses d'un goût consacré qui, elles-mêmes, ne sont parvenues à leur perfection, en leur temps, qu'après des progrès successifs.

Cette situation aggrave le travail des chercheurs de nouveautés, puisqu'il faudrait en quelque sorte que du, premier coup, une chose nouvelle s'affirmât comme de valeur égale, en principe, aux arrangements décoratifs reconnus comme supérieurs jusqu'à présent. Le jury attachait une grande importance à quelque découverte d'heureuse innovation, qui eût été de véritable prix, s'il avait rencontré des tentatives de nature à faire entrevoir seulement une ère nouvelle. Préventivement, il ne demandait qu'à donner des encouragements à ceux des relieurs qui tentaient l'essai de quelque voie inexplorée. Pour lui, ces chercheurs lui apparaissent comme intéressants entre tous. Pourquoi faut-il que, non seulement il n'ait rencontré que quelques essais timides; d'une part, à peine significatifs; et que, d'autre part, là où il devait trouver le plus de décision, le point de vue le plus absolu, il soit réduit à ne pas même passer sous silence toute une série de productions dont il est obligé de condamner hautement le goût, en ayant ainsi à éprouver le contre-cœur de se montrer particulièrement désagréable à ceux qu'entre tous, il aurait voulu surtout pouvoir encourager.

M. Amand.

Ce relieur est un praticien habile reconnu par ses meilleurs confrères comme leur digne émule. Solidité, régularité, exactitude et fini, M. Amand s'entend comme eux à confectionner de bonnes reliures sur des types consacrés. Malheureusement ce relieur n'a point cru devoir composer son exposition, au moins en partie, avec ce genre de produits; et ce n'est que par la loyauté de ses confrères que la commission s'est trouvée informée de son mérite en ce genre.

M. Amand, qui est un chercheur, éprouvant le besoin de réagir contre l'abus des reproductions des anciennes reliures, n'a voulu montrer au jury que des types nouveaux et d'une variété qui lui paraît tout artistique.

Comme principe fondamental, M. Amand puise dans le livre même le motif de quelque dessin caractéristique traduisant la pensée principale de l'auteur ; il orne d'une espèce de rébus pittoresque le plat supérieur de la couverture du livre.

Nous ne discuterons point ce principe, et ne rechercherons pas s'il y a avantage ou inconvénient à cette espèce de défloraison d'un livre avant qu'il soit ouvert. Cette préface préventive pourrait peut-être être un charme engageant en certains cas, et la fleur de poésie dont le parfum s'affirmerait sur la couverture du recueil n'y serait, à coup sûr, point déplacée. Dans ces choses délicates du goût, tout est dans l'à-propos et la mesure. Mais de quel plaisir peut être l'avant-goût pour la lecture d'un volume comme celui auquel M. Amand a donné la place d'honneur dans son exposition : un livre de Victor Hugo où, dans les dernières pages apparaît une tête de mort, que le relieur a mise sur un fond noir au beau milieu du plat de la couverture? Ce péristyle de catacombes a paru, au jury, de l'ostentation la plus malheureuse. De même que l'esprit qui a enfanté cette autre décoration où Nana invite elle-même à l'ouverture du livre avec sa carte de visite cornée, tandis que dans un coin gravite, dans son élément, une de ces mouches malpropres qui ont de lourdes ailes et le corselet d'or.

La commission, en face de pareils produits, les seuls exhibés, s'est trouvée dans l'alternative, ou de laisser à son rang d'habile praticien M. Amand, car ces choses sont faites avec toute l'adresse du métier; et, dans ce cas, il lui fallait accuser vertement sa désapprobation au point de vue du goût, ce qui aurait singulièrement acidulé le miel de la récompense; ou, tout au contraire, de désigner M. Amand pour une récompense moindre, en relevant celle-ci par l'affirmation très sincère de l'estime de fond qu'elle a pour les chercheurs, même lorsqu'il lui faut condamner leurs erreurs.

M. Chabert.

Ce graveur n'est point classé parmi les relieurs pour le Catalogue de l'Union; on l'y trouve en la classe XXVI, au Livre. Mais comme, en réalité, ce que le jury a vu des travaux de M. Chabert, ce sont surtout des plats pour couvertures de livres, sa place paraît plutôt parmi les relieurs que tout autre part. M. Chabert grave bien le métal et sait y disposer des nielles de bon goût, ou y pratiquer des ajourés bien entendus. Cependant il est resté de certains doutes dans l'esprit de la commission sur certains objets qu'elle a rencontrés dans l'exposition de M. Cha-

bert. Sont-ce bien des couvertures de livre que certains cadres
de riche ornementation entourant une surface de miroir? Ce
seraient là d'étranges reliures, et le jury n'a voulu y voir qu'une
erreur de l'exposant, dont, sans cette erreur, il faudrait condamner le goût.

MM. Gruel et Engelmann.

Les reliures en maroquin, de divers formats, exposées par
cette maison d'une supériorité dès longtemps reconnue, sont
toujours à la même hauteur sous le rapport du style et sous
celui de l'exécution matérielle. On y a remarqué surtout un
volume in-folio, *les Plantes peintes par Redouté*, maroquin brun,
à compartiments de mosaïque, style Louis XVI : une grande
touffe de marguerites, fleurs et feuillages, exécutée entièrement
à filet, est tout à la fois bien en harmonie avec le sujet et avec
l'époque du livre.

Un volume in-4°, *Manufacture nationale de Sèvres*, 1884 ; ce
recueil contient des dessins originaux des vases de cette manufacture ; la reliure, en maroquin la Vallière, est à compartiments
Louis XVI. Dans une grande bordure en mosaïque serpentent
des rinceaux et feuillages qui prennent naissance en un petit
vase en mosaïque de couleur, sur lequel on voit écrit : SÈVRES ;
aux angles le chiffre H. B.

Un volume in-8°, imprimé sur vélin, *Heures à l'usaige de
Rome*, Paris, 1498 ; maroquin brun, compartiments à petits fers,
style Grolier.

Un volume in-8°, *les Sens*, Londres, 1766 ; maroquin la Vallière ; décoration, milieu et coins à petits fers ; style du
xviii° siècle.

Plusieurs livres d'heures, maroquin ou cuir de Russie ;
décorations de différents styles ; tous parfaitement exécutés.

Enfin, les amateurs ont surtout remarqué dans cette belle
exposition un petit volume : *Heures du moyen âge ;* relié en maroquin brun, riche dorure Renaissance, cartouche et compartiments en mosaïque de peau exécutée au filet, véritable bijou. Et
deux coffrets à joyaux, en maroquin ; l'un avec une riche décoration Renaissance, l'autre dans le style Padeloup-Derôme.

MM. Engel et fils.

Cette maison est la seule qui ait exposé des reliures de commerce. Ce genre d'industrie était encore inconnu en France il y a cinquante ans. Il mérite de fixer l'attention, car il y occupe actuellement des milliers d'ouvriers, et ses affaires se chiffrent, annuellement, par millions.

Ce développement est dû aux progrès continus de l'instruction, au nombre sans cesse grandissant des lecteurs. Il résulte des transformations matérielles de la papeterie et de l'imprimerie, qui ont imposé aux éditeurs une production en quelque sorte instantanée en même temps qu'économique, et cependant élégante.

La maison Engel est aujourd'hui d'une importance sans égale ; à elle seule, elle alimente, pour moitié au moins, la librairie illustrée. Livres de prix, livres d'étrennes, livres de salon, albums d'images ou de photographies, c'est par nombre incalculable que cette maison répand ses cartonnages polychromes et ses reliures à plats gaufrés et dorés, d'un bon marché inouï.

Les reliures industrielles ont été l'objet de bien des compositions ; la décoration extérieure du livre est une grande préoccupation pour l'éditeur, l'auteur et le relieur ; ce sont œuvres, qu'en général le graveur signe, et non point le dessinateur qui a tracé le modèle. Jadis ce furent les Gavarni, Grandville, Tony Johannot, Bertall, Gustave Doré, etc., qui fournissaient les croquis, plutôt inspirés par la libre fantaisie que par les études de caractère. C'est maintenant dans ce dernier sens que les dessinateurs formulent leurs compositions, généralement mieux comprises pour les conditions du métier. L'ensemble décoratif des reliures exposées par MM. Engel le démontre amplement. Les cinquante modèles produits, qui datent tous des trois dernières années, ont une physionomie singulièrement différente de celle des cent volumes qui formaient l'exposition de MM. Engel en 1878. Ils sont dus principalement à MM. Mathieu, Henri Marius Michel, Henri Pille, Poterlet, Racinet, Rossigneux, Scott, Yan d'Argent, etc.

Ces cartonnages, dont les prix varient de 50 centimes à

2 francs, suivant les formats, et dont l'effet décoratif importe tant à l'éditeur, sont, de plus en plus, des œuvres qui s'améliorent sous le rapport du goût. On doit doublement applaudir à ce progrès qui contribuera à assurer à la France les avantages qu'elle recueille de ce genre de fabrication qui s'exporte à l'étranger.

M. Engel père qui, il y a plus de quarante ans, s'est appliqué, sans autres ressources que son intelligence et son activité, à donner à la reliure une impulsion qui devait être aussi féconde en résultats commerciaux, est membre de notre commission, comme il faisait également partie du jury en 1878. C'est donc avec une abondance de titres que sa maison se trouve hors concours. Il est difficile cependant de ne point signaler particulièrement un ancien ouvrier venu à Paris sans protections, et qui a été, à deux reprises, élu par ses confrères président de la chambre syndicale des relieurs et doreurs. Membre du conseil d'administration du Cercle de la librairie et de la Société de secours mutuels de la corporation, ce notable commerçant est arbitre expert près du Tribunal de la Seine, membre adjoint au comité des valeurs en douane; enfin, selon l'expression même de ses collègues du jury de la classe X, à l'exposition de 1878, MM. Bécoulet, Haro, Havard, Laroche-Joubert, Eugène Vacquerel, qui ont signé à cette époque une demande pour que la décoration de la Légion d'honneur lui fût attribuée, « M. Engel père représente une individualité sympathique, un homme d'honneur et de bien ». Le rapporteur du jury du Papier, en constatant l'utilité de la coopération de M. Engel, doit consigner que la commission fait bien volontiers écho à l'éloge dont ses collègues de 1878 lui ont laissé un témoignage honorable.

M. Jeener.

Cette maison fabrique surtout des objets d'exportation, et les commerçants de ce genre doivent se préoccuper, avant toute chose, de répondre au goût de leurs clients exotiques. M. Jeener, qui a principalement affaire aux colonies espagnoles, a besoin pour y réussir, que ses objets frappent des yeux plus à même d'apprécier le clinquant que les véritables délicatesses de l'art. Son exposition n'est cependant point sans mérite : la nacre, l'ivoire, l'écaille qu'il emploie sont découpés, gravés ou sculptés dans ses ateliers ; il s'en sert pour former des couvertures d'albums pour photographies et pour des livres de messe, garnis de fermoirs, d'écussons, de chiffres en bijouterie. Le jury n'a point à blâmer le commerçant qui doit satisfaire au goût de sa clientèle ; seulement ce goût inférieur n'empêche pas que cette fabrication ne soit produite avec une certaine prétention artistique, que le jury ne peut que faiblement encourager.

MM. Marius Michel et fils.

Cette exposition est divisée en deux parties distinctes : l'une consacrée à la reproduction des reliures anciennes ; l'autre, au contraire, à des reliures dans le goût moderne.

La partie de la vitrine, occupée par des copies de reliures anciennes, dont les originaux sont exposés dans les grandes bibliothèques nationales, ou appartiennent aux plus riches collections particulières, comporte des reproductions des divers styles de décoration, employés depuis la fin du xve siècle jusqu'à la fin du xviiie siècle. Ces spécimens, des plus riches et des plus variés, sont d'excellente qualité.

Quant à la partie consacrée à la reliure moderne, elle est des plus intéressantes. MM. Marius Michel, dessinateurs et relieurs-doreurs, ont le double mérite de la conception du modèle et de l'exécution de la reliure. Les volumes exposés montrent qu'ils persévèrent dans la voie, ouverte par eux en 1878, avec les grandes mosaïques, tantôt contournées de noir, tantôt entourées de filets d'or, qui empruntent à la flore ornementale le principal de leur effet décoratif. Une des pièces de leur exposition, qui a excité le plus de curiosité, est la reliure d'un *Faust*, grand in-folio, en cuir ciselé et incisé à la main, sans le secours d'aucun outil gravé à l'avance. Le dessin et l'exécution de cette reliure ont été unanimement remarqués.

En dehors de cette vitrine et dans la même salle, MM. Marius Michel ont exposé un assez grand nombre de pages de leur grand ouvrage sur la *Reliure française,* paru en 1880 et 1881. Cette très bonne publication, où les auteurs-artistes apparaissent comme de véritables chefs d'école, montrant leur parfaite connaissance de la décoration des livres, selon les époques et les styles, sert aujourd'hui de *vade-mecum* à toute à la bibliophilie. MM. Marius Michel ont judicieusement agi en exhibant cette partie de leurs travaux qui répond au programme de l'Union centrale des arts décoratifs : enseigner, propager le goût du beau. Le jury en est reconnaissant à ces exposants hors concours, d'un mérite tout exceptionnel, auxquels il ne peut que certifier qu'il les sent dignes de récompenses d'un ordre dont une commission comme la nôtre ne dispose point.

M. Martin-Boursin.

Ce relieur-libraire-éditeur, selon le titre qu'il prend, figure dans la section du Livre. Il n'a point d'atelier de reliure, et fait travailler de divers côtés. Le jury n'a pas cru devoir examiner l'exposition de ses reliures.

M. Parisot.

Cet artisan distingué n'a pas seulement exposé de belles reliures artistiques, mais aussi de bonnes et solides reliures et demi-reliures d'amateur. Le corps d'ouvrage est très soigné ; la décoration sobre, d'un goût sage, d'une bonne exécution. Les reliures ont, en outre, le grand mérite d'être, par la modicité de leurs prix, accessibles à bien des bourses.

Dans la reliure liturgique, qu'il réussit parfaitement, et dont il fait une spécialité, M. Parisot égale les spécialistes anglais les plus renommés.

Le jury a principalement remarqué dans cette exposition :

La *Vie des Saints*, illustrée par Kellerhoven, in-4°, reliure en maroquin poli rouge ancien, dorure genre Grolier, exécutée à petits fers ; gardes en satin broché, bien assorti à la peau, entourées d'une riche dentelle.

Jeanne d'Arc, par M. Wallon. In-4°, relié en maroquin du Levant bleu poli ; décor d'une belle dentelle à petits fers, encadrant un semis de fleurs de lis.

Les *Arts au moyen âge,* par M. Paul Lacroix ; in-4°, relié en maroquin du Levant vert poli, dos richement doré ; plats encadrés de trois filets en or ; charnières en peau ; gardes en papier chromo.

Enfin, un beau choix de livres de prières reliés avec goût, couture sur nerfs ; endossure souple, s'ouvrant facilement ; qualité recherchée avant tout par la clientèle pieuse.

Il faut voir un livre entre les mains d'un praticien consommé, comme l'est M. Parisot, pour juger de tout le prix d'un véritable homme du métier.

M. Pinau.

Bien que ce fabricant ne soit pas relieur, l'Union centrale a cru devoir l'admettre au nombre des exposants de la reliure. M. Pinau, qui s'occupe exclusivement de certains éléments de la décoration du livre, a acquis, en effet, toute l'expérience du relieur, avec lequel il est en communication journalière. Dans le métier, on donne à ce genre d'industriels le nom de bijoutier-garnisseur de livres. L'établissement de M. Pinau est le principal de ceux qui fournissent à la corporation parisienne les pièces d'orfèvrerie et bijouterie appliquées à l'ornementation du livre.

Le jury a remarqué dans l'exposition de M. Pinau :

1° Un livre de prières, dont la couverture en argent ciselé dans le style de la Renaissance, est ornée d'émaux limousins d'un heureux effet décoratif. Cette couverture, qui est de métal ajouré et ciselé, fait bien partie intégrante de la reliure qui n'a point de cartons.

2° Un missel d'autel, relié en velours, dont le décor représente un Christ en croix avec les emblèmes des Évangélistes aux angles. Ce travail, en argent ciselé et doré, est inspiré des œuvres du xıı° siècle.

3° Enfin, plusieurs autres volumes avec garnitures en métal, d'une bonne exécution et d'un heureux effet, où l'on sent que M. Pinau, en s'inspirant des meilleurs modèles laissés par les anciens, sait, sans les copier servilement et sans les dénaturer, les adapter au goût moderne.

M. Quinet.

Ce relieur, qui, paraît-il, expose pour la première fois, a

meublé sa vitrine d'un choix de reliures artistiques, richement ornées de dorures de différents styles; quelques-unes sont des reproductions d'anciennes reliures connues.

Les productions de cette maison offrent quelque matière à la critique des sévères praticiens. Tout en présentant la solidité voulue, le corps d'ouvrage laisserait quelque peu à désirer sous le rapport de la régularité et du fini. Ce qui est plus facilement sensible, c'est que la décoration est souvent trop riche, trop chargée, d'un goût douteux. Pour atteindre le degré de perfection visiblement ambitionné, il faut que, sans négliger la solidité, M. Quinet s'applique à rechercher la grâce de la reliure, la simplicité du dessin et le fini de l'exécution. Les efforts de ce jeune relieur méritent des encouragements; ils sont de nature à faire présager d'heureux progrès. Le jury a remarqué parmi ses œuvres :

Manon Lescaut, reliure en maroquin rouge, décorée d'une riche mosaïque en peau de couleurs variées. L'ornementation présente un rinceau courant en feuilles d'acanthe, style Renaissance. Les cartons sont doublés à l'intérieur de maroquin citron orné d'un dessin de tapisserie avec petites feuilles en mosaïque;

Paul et Virginie, relié en maroquin bleu; les plats décorés dans le même style que la précédente reliure; le dos, d'un genre indien, n'est malheureusement pas en harmonie avec ces plats. L'intérieur, en peau, est décoré de losanges mosaïqués noirs et verts, avec remplissage d'étoiles.

L'Amour au XVIIIᵉ siècle, par M. de Goncourt, est surchargé d'une dorure à riche mosaïque, genre Padeloup, qui est trop lourde; les gardes en maroquin bleu sont ornées d'une dorure, genre Derôme.

On rencontrait dans cette exposition de la reliure quelques essais, encore timides, de dessins en dorure disposés dans le goût japonais. Ces fantaisies sont dans une assez bonne voie; mais, pour les bien réussir, il est évident qu'il y faut encore quelque temps et plus d'expérience.

LA DÉCORATION DU PAPIER

Les exposants de cette classe sont les fabricants des papiers
peints. Ainsi que les relieurs, ils se trouvent exclusivement
parisiens. Dans ce genre d'industrie, il semble ordinaire que
quelque produit d'un caractère particulier devienne le principal
objet de la fabrication d'une maison, qui n'a d'ailleurs nullement affaire avec le public, et à laquelle les débitants s'adressent
pour la spécialité qui la distingue. Ces us et coutumes sont tout
à la fois un avantage et une gêne pour l'industriel. Il est difficile qu'il en puisse résulter des progrès généraux ; car lorsqu'un
fonds d'affaires est basé sur des productions dont le principe sera
plus ou moins condamnable, au point de vue absolu de l'esthétique, comme le sont, entre autres, les poudrages des matières
textiles sur des mixtures imprimées, on ne saurait attendre du
fabricant, pour lequel ces procédés sont le meilleur de son re-
venu, qu'il cherche autre chose que de propager, autant que
possible, l'usage des produits qui le font vivre. Ces erreurs
paraissent d'autant plus irrémédiables, pour le moment, que si
le papier peint est entré absolument dans nos mœurs, la décoration qu'il comporte a, dans beaucoup de cas, perdu de son
importance chez nous, par suite de l'habitude croissante d'accumuler les meubles et les bibelots dans les appartements. La place
occupée par le mobilier, ainsi que l'éclat des poteries, des faïences
et des panoplies disposées en plein mur, relèguent le revêtement
de la paroi à un rôle très subordonné. Il importe que le décor
du papier servant de fond ne joue que d'une façon discrète dans
cet ensemble, où il n'est vraiment utile qu'en étant sacrifié.

Lorsque le papier peint, selon la nature de la pièce d'habitation, doit contribuer par son propre éclat à la parure d'une

chambre, on est loin, aujourd'hui, de recourir au décor tel qu'on l'entendait, il y a quelque cinquante ans, à l'époque des simulations de la peinture murale, où la haute fabrication mettait sous les yeux du public ces ensembles féeriques, ces perspectives si violemment colorées que l'on a vus dans la partie rétrospective de l'exposition, en face des productions modernes. Les excès pittoresques de ces tableaux d'un éclat déplacé qui, sous prétexte de réjouir l'œil, ne lui laissaient aucun repos, nuisant à la beauté même qui se produisait dans un pareil milieu, sont, heureusement, tombés en désuétude. C'est avec un goût bien autrement préférable que le papier de luxe se borne maintenant à imiter tantôt des tentures de soierie, tantôt des tapisseries. Ces illusions économiques rapprochent le papier peint actuel de ce qui paraît avoir été son début, en principe. Seulement, la fabrication est de beaucoup supérieure à ce qu'elle était au siècle dernier. Il y a là toute une école intéressante, et d'un niveau plus relevé qu'on ne le croit généralement. Le modèle initial pour le décor à répétition du papier ne diffère point de celui qui convient pour la tenture imprimée sur étoffe ou tissée. Les travaux de ce genre nécessitent des praticiens consommés ; il y faut des techniciens d'un savoir sérieux et de goût éprouvé, car les frais de premier établissement sont toujours dispendieux, et il est de haut intérêt pour le négociant que ni ces frais ni le temps employé ne donnent des résultats négatifs annulant tout l'effort de la campagne annuelle. Le créateur est donc fort important dans cette industrie, et les fabricants ne le savent que trop, eux qui considèrent avec effroi la disette qui s'annonce sous ce rapport. C'est un fait douloureux. Cette disette imminente apparaît comme telle, selon tous les fabricants dont le jury a visité les ateliers, que, selon eux, après notre collègue M. Poterlet et tel autre artiste d'expérience précieuse, avancés également dans la carrière, on ne voit plus personne pour reprendre la place, et on ne sait comment il sera possible de s'en tirer.

M. Bezault (Joseph).

L'exposition de ce fabricant de premier ordre se compose de

quatre panneaux différents de style, d'époque et de fabrication.

1° Un panneau de 7m 50 de largeur sur 4m 25 de hauteur. Ce décor est inspiré d'une tapisserie des Gobelins faisant partie de la suite dite : « *Maisons royales de France*. »

Cette importante production moderne dépasse en proportion ce qui a été fait en papier peint depuis un très grand nombre d'années. En en considérant l'ensemble décoratif et en le comparant avec les productions antérieures qui figurent dans la galerie rétrospective, on peut reconnaître la supériorité du goût mesuré qui l'a réglée dans toutes ses parties ; et lorsqu'on sait que les décors de ce genre sont imprimés en un nombre considérable de tons sur des lés contre-posés et dont on ne doit pas sentir le rapprochement qui détruirait toute unité, on est étonné de voir avec quelle certitude les dosages des tons multiples des impressions se soutiennent dans toutes les parties d'un ensemble de pareille étendue.

Une telle œuvre industrielle mérite une description qui permette d'entrevoir ce que sont de semblables entreprises ; quelle expérience consommée il y faut ; de quelles prévoyances même ces entreprises commerciales doivent être l'objet.

Cette décoration se compose, quant à présent, de douze lés auxquels viendront s'ajouter deux autres séries, de six lés chacune, reproduisant deux autres sujets. L'ensemble peut être modifié « à volonté » comme suit :

1° La tapisserie entière, comprenant le paysage, la clôture ajourée à hauteur d'appui occupant le premier plan, et un encadrement de fleurs ;

2° La tapisserie sans l'encadrement ;

3° Le paysage seul sans la balustrade d'appui ;

4° Enfin, le paysage et la balustrade, sans les accessoires dont cet appui est orné, oiseaux, vases, étoffes, etc.

Les prix, selon ces variétés, sont de 200, 160, 90, et 120 francs. Il a fallu deux années de travail pour la gravure des 2,500 à 3,000 planches nécessitées pour cette production, guidée par MM. Gruchy et Regereau, dessinateurs industriels, M. Soupir, metteur sur bois, M. Péquegnot, contre-maître, et à laquelle tous les collaborateurs de M. Bezault ont dû apporter leur concours —

puisque tout ce qui sort de sa maison est entièrement fait dans ses ateliers, dessins, gravures, impressions, etc. —

Ce très remarquable décor, inspiré d'une école de paysage dont les principes remontent au Poussin, et qui est, en somme, de haut goût français, est un résultat franc des ressources directes du métier. Aucune supercherie ne s'ajoute à l'impression, et le réseau de tapisserie qui y est figuré a pour but et pour effet de procurer une peinture tamisée pour laquelle ce réseau est tout à la fois un lien entre les tons, et un moyen d'harmonie générale et discrète, indispensable aux bonnes fresques qui ne doivent pas saillir des murs ni lui faire des percées.

Que des considérations de cet ordre guident des travaux industriels, voilà ce dont on doit le féliciter et ce qu'il importe de signaler, en engageant M. Bezault, qui a fait preuve d'un goût éclairé, en sachant choisir les bons modèles dont il s'est inspiré, à poursuivre la voie où il est entré avec succès. Qu'il l'élargisse autant que possible, c'est-à-dire en ne craignant pas d'aborder les créations franchement originales, où les intensités de la vie soient exprimées avec un peu moins de timidité.

La commission du papier ne pouvait rien pour M. Bezault, hors concours ; mais ce fabricant a voulu participer aux concours spéciaux institués par l'Union centrale. Il y a produit son paysage avec l'appui ajouré, sans l'encadrement, et cet important panneau décoratif a valu à M. Bezault la *grande plaquette d'honneur*, qui lui a été attribuée par le jury général, après la mise hors concours de M. Fourdinois.

L'exposition de cette maison comporte encore :

2° Un panneau, imitation de velours de Gênes, époque Louis XIII, à fond de soie et hautes laines, avec bordure d'encadrement.

3° Un panneau, imitation de velours épinglé du xvi⁰ siècle, en laines ordinaires ; avec une bordure d'encadrement de la même époque, imitation de broderies de laine et or.

4° Un panneau, imitation d'étoffe d'Orient, en laine cheviott, avec bordure d'encadrement assortie, de six laines différentes.

5° Enfin toute une série importante de dessins divers, imitations de soieries de styles variés et de différentes époques, d'après des matériaux authentiques, dont un fabricant artiste comme M. Bezault a formé naturellement une riche collection.

Ces cinq séries d'articles comportent des spécimens des cinq principales matières colorantes employées aujourd'hui dans l'industrie du papier peint :

1° Les couleurs, pour l'impression ;

2° La laine longue, pour l'imitation du velours de Gênes ;

3° La laine ordinaire, pour l'imitation du velours épinglé ;

4° La laine cheviott, pour l'imitation des tapis d'Orient ;

5° Les bronzes, pour l'imitation des soieries.

Ces différentes matières sont employées chez M. Bezault avec des soins soutenus qui font classer sa maison parmi celles de première ligne. M. Bezault ne fait point d'impressions à la mécanique. Ce qui distingue cette brillante fabrique, c'est la qualité de ses produits plutôt que leur économie.

M. A. Croissant.

Ce fabricant, bien outillé et organisé au point de vue de la production du papier peint à la planche, a considérablement modifié la fabrication de son prédécesseur, qui s'occupait surtout des petits vernis, tels que les bois et les marbres, ainsi que les teintes de fond.

La principale production de cette maison consiste dans les imitations des soieries dont elle s'est fait une spécialité vraiment remarquable. Les étoffes en papier sorties des ateliers de M. Croissant, avec leur ornementation empruntée aux plus belles soieries de la fabrique de Lyon à ses grandes époques, sont d'un tel aspect qu'il faut y regarder à deux fois pour reconnaître qu'elles sont en papier ; plissées, on s'y trompe tout à fait. C'est principalement par l'emploi des bronzes en poudre que ces résultats sont obtenus, et il est curieux de voir dans quelle mesure on en use dans la seule maison Croissant, à laquelle il en faut 3,500 kilos par an.

Cette manufacture de papiers peints fabrique aussi des tentures dites « cuirs repoussés », reproduisant les vieux cuirs de Cordoue. Elle produit encore des imitations des velours de Gênes et des tapis d'Orient.

Dans le genre des soieries, où M. Croissant excelle, ce fabricant, qui reproduit si heureusement les étoffes d'ameublement et celles de grande toilette du siècle dernier, cherche des variétés de décor à d'autres sources, et le jury lui en sait gré. Certainement les types reproduits sont bons ; mais combien il est désirable de voir rajeunir le genre de ces décors par l'introduction de quelque mode approprié, comme le pourrait être le fragment de goût japonais dont M. Croissant a montré à la commission un premier spécimen.

M. Croissant a désigné particulièrement parmi ses collaborateurs M. A. Dubois, qu'il signale comme un artiste de beaucoup de talent et de goût, fournissant à sa maison une bonne moitié des dessins de sa collection annuelle.

M. Danois.

Ce fabricant de papiers peints produit spécialement des articles riches.

Adroit manipulateur des procédés en usage, il en est même plus d'un dont M. Danois est l'auteur.

Ses ingénieuses combinaisons ont certainement contribué à faire prévaloir la mode, de plus en plus répandue dans les tentures de luxe, de l'application des matières textiles dont on surcharge le fond d'impression, et qui produisent d'autant plus facilement les imitations de tapisserie que les éléments sont de la même nature.

Le carnet rempli d'opulentes bordures, composées principalement de guirlandes de fleurs et de feuillages, empruntées particulièrement à l'exubérant Le Pautre, est tout à fait remarquable; l'artisan adroit s'y montre un très habile décorateur, ayant su se faire une spécialité intéressante qu'aucun de ses concurrents n'égale.

La fabrication des « cuirs repoussés » qui sortent des ateliers de M. Danois, avec leurs reliefs surchargés d'une impression en couleur, sans que la dorure de ces reliefs en soit altérée, est encore une de ces trouvailles qui montrent avec quelle perfection M. Danois est un habile homme de métier en même temps qu'un homme de goût.

M. Follot (Félix).

La manufacture de cet exposant, hors concours, est une fabrique de produits de haut goût, dont la spécialité comporte :

1º Les fonds unis, mats, ou glacés en rouleaux ordinaires, ou par panneaux de n'importe quelle dimension;

2º Les veloutés unis, pleins, et les veloutés soie à dessins, en rouleaux ordinaires, ou également par panneaux de toute dimension;

3º Le velours cheviott (dont M. Follot est l'inventeur), soit uni en tous formats, en gaufré ou en rouleaux ordinaires.

Les mats répondent, en bien des cas, au goût du jour.

On veut souvent avoir des fonds unis, et M. Follot a installé un outillage spécial pour cette variété de l'industrie qui demande aussi des connaissances particulières sur les matières premières.

Les veloutés unis et les veloutés soie, sont d'un emploi d'autant plus pratique que le mélange des laines permet d'y obtenir le rassortiment des étoffes.

Le velours cheviott est de qualité supérieure aux tissus grossiers avec lesquels les tapissiers ont voulu lui faire concurrence.

Le papier à ramages ne pouvait convenir dans le voisinage des tapisseries dont les riches intérieurs sont souvent ornés, et c'est ce qui a fait créer et développer les tentures unies dont M. Follot s'est fait une spécialité si distinguée.

L'assortiment d'un dessin coûtant trop cher (par petite quantité), on emploie l'uni, fait exprès, pour faire valoir les bleus des vases ou l'or des tableaux; tout coûteux qu'il soit, il est encore une économie et procure un encadrement de goût à un ensemble que le décorateur doit toujours rechercher.

M. Follot, s'inspirant de ces besoins, a même créé un établissement particulier pour des articles du même genre, à bon marché, d'où les collections de nuances, arrêtées et tirées d'avance à des chiffres élevés, soit en mat, soit en glacé, fournissent des fonds unis à 75 centimes le rouleau de $8^m \times 0,50$, chose précieuse pour lutter contre la concurrence étrangère. C'est à l'aide des machines allemandes importées en France par M. Follot qu'on exécute des produits supérieurs à ceux des Allemands. Ces machines produisent 1,000 rouleaux par jour, ce qui lui permet de livrer à si bon compte des produits aussi supérieurs et des veloutés à 3 fr. 90.

La dernière création de M. Follot, c'est le velours cheviott (poil de chevreau moulu), appelé à donner un nouvel essor à la fabrication des tentures en papier, puisqu'avec cette matière on peut reproduire les velours et les tapis haute laine.

M. Follot, qui ne fait pas d'impression, a rendu un important service à la corporation, en autorisant ses confrères à utiliser ce mode de feutrage. Plusieurs d'entre eux ont en effet exposé des imitations des tapis de Karamanie dont la mode semble devoir se généraliser à leur profit, en faisant faire de nouveaux progrès au genre riche.

La supériorité des produits de M. Follot est assez prouvée par son exposition, d'un grand goût dans toutes ses parties, et de nature à combattre victorieusement la concurrence étrangère.

MM. Gillou et fils.

C'est aussi par l'importation des machines étrangères que MM. Gillou, comme M. Follot, sont parvenus à battre leurs concurrents avec leurs propres armes. Il est à remarquer cependant, que les machines d'origine française, mais qui ont d'abord été mises en pratique en Angleterre, sont pour ainsi dire redevenues françaises, par suite des modifications importantes et ingénieuses qui ont été apportées par MM. Gillou.

Il en a du reste été de même pour la machine à papier continu qui, inventée en France par Léger Didot, a été adoptée en premier lieu en Angleterre, d'où elle nous est revenue ensuite pour être perfectionnée en France.

Cette maison, dont la fondation remonte à 1814 et dont la raison sociale est héréditaire, est la plus puissante manufacture de papiers peints qui ait envoyé ses produits à l'exposition de l'Union centrale.

Les papiers peints qu'elle a produits sont fabriqués à la planche et à la machine.

M. Pierre Gillou, membre de notre commission, est le premier fabricant parisien qui ait recouru à l'impression à la mécanique. On peut étudier dans ses ateliers la marche progressive des machines, car depuis les premières qui aient fonctionné jusqu'aux derniers perfectionnements des puissants appareils construits sous sa direction, les types divers de ces moyens modernes se rencontrent dans ses usines.

Cette puissante manufacture, où l'on produit les papiers peints de tous les genres, est organisée d'une manière toute scientifique, dans les proportions qui conviennent à la véritable grande industrie. Il y faut voir fonctionner des machines qui tirent des quinze à vingt couleurs en la seule évolution d'un appareil cylindrique, sur du papier sans fin allant s'étendre automatiquement dans toute sa fraîcheur sur de longs étendoirs en marche, pour arriver séché à leur extrémité, et y être enroulé immédiatement en d'énormes bobines. C'est là qu'on peut se rendre vraiment compte de l'économie procurée par des opérations simultanées, rapides, sans arrêt.

Nous n'entrerons point ici dans le détail de la magnifique exposition de cette maison, préférant faire ressortir les conséquences qu'on en doit tirer.

M. Gillou est de ceux qui, comme le sage de l'antiquité, prouvent le mouvement en marchant. Il a eu d'abord à lutter contre les préjugés des artistes du métier qui n'ont point manqué de pester unanimement, dès le début, contre ce qu'ils appelaient l'influence néfaste des machines; affirmant qu'il n'en pourrait jamais sortir que des produits inférieurs. Or il se trouve que, tout au contraire, il est maintenant prouvé que l'art de la décoration du papier non seulement n'est nullement compromis par l'impression à la mécanique, qui assure une régularité d'exécution que seules, les découvertes modernes pouvaient lui procurer; que, non seulement la rapidité mécanique assurant le bon marché était indispensable pour préserver la fabrication française contre les concurrences étrangères, mais encore, et cela est tout à fait saillant, qu'il résulte de l'emploi de la machine une sauvegarde des plus saines pratiques de la fabrication des papiers peints. La production mécanique est surtout avantageuse lorsque l'impression ne comporte que les estimables franchises du vieux métier ; l'économie est d'autant plus grande que le résultat est plus direct ; ce qui distance d'autant l'impression à la machine de toutes les opérations de la main, et la met à même de lutter avec des avantages doublement incomparables contre les productions hybrides qui transforment en feutrages, en veloutés, des imprimés de toutes sortes. Bien loin donc d'y avoir nui, l'emploi de la machine maintiendra de plus en plus l'industrie même du papier peint dans les franchises du caractère qui lui convient le mieux, et dont l'oubli ou l'écart finiraient par amener le dégoût du public, appelé à se désabuser immanquablement de toutes les fausses apparences du luxe.

La maison Gillou, qui sait discerner les bons modèles et les bien rendre, en profitant de la science moderne, ne pouvait se dispenser, pour répondre aux nécessités commerciales, de se livrer aux fabrications dans lesquelles les matières textiles sont employées. Celles-ci sont à la mode, et elle en a exposé de brillants et importants spécimens ; mais on doit espérer qu'elle a cédé à des exigences momentanées, et qu'un jour ou l'autre l'impression à la simple détrempe triomphera définitivement de toutes les surcharges qui la dénaturent.

La qualité de membre de notre jury nous impose une certaine réserve à l'égard de M. P. Gillou. Assurément des fonctionnements comme ceux d'établissements aussi importants demandent de larges collectivités ; mais lorsque l'on considère que les résultats obtenus sont dus à une action initiale, qui n'a cessé de guider toutes les transformations d'une industrie sortie des vieilles routines, évolution sans laquelle cette industrie même, en tant que nationale, était exposée à succomber, qu'il nous soit permis d'indiquer, du moins, de quelle valeur sont de certains hommes pour leur patrie.

M. Jouanny.

Ce fabricant a, en outre de sa manufacture, une maison de vente au détail qui est parmi les plus importantes de Paris.

M. Jouanny a réuni dans son exposition une série des planches successives que l'on imprime à la main, de manière à démontrer au public les diverses opérations nécessaires pour la confection d'un papier peint. Il serait désirable, en bien des cas, que les industriels produisissent ainsi quelque échantillon du matériel de leur métier : c'est instructif et, généralement, le public s'y intéresse. Ce fabricant est d'ailleurs un jeune, qui semble désireux d'enfanter quelque nouveauté. C'est ainsi qu'il est l'inventeur d'un genre de papier de tenture, qu'il appelle : *chromo-tenture*, dont l'impression est faite avec l'encre grasse de la typographie, au lieu d'être à la détrempe. M. Jouanny certifie que le prix d'impression est le même dans les deux cas ; l'avantage serait que la coloration serait plus riche et plus durable. Les quelques échantillons montrés au jury ne sont encore que des premiers pas, presque des bégaiements, qui ne pouvaient donner lieu à un jugement basé sur des certitudes.

On fabrique, chez M. Jouanny, des papiers imprimés à la planche ou à la machine, en usant de tous les divers procédés que nous avons vus en usage chez ses confrères. Ainsi que ceux-ci, il a des doreuses et fait des veloutés, des gaufrures et des satinés.

Tous les panneaux exposés, dont les décors ne sont que depuis un an ou deux dans le commerce, sont des résultats de tirages à la planche. Leur motif ornemental est puisé à de bonnes sources, telles que les musées ou des collections particulières estimées. C'est par la reproduction d'objets de style que M. Jouanny s'efforce de donner de la distinction à ses produits. C'est une voie qui est peut-être moins riche qu'il ne le croit ; elle peut paraître prudente ; elle n'est pas absolument rationnelle ; car il est peu de modèles anciens qui conviennent véritablement au papier peint, pour lequel ils n'ont pas été faits. Toutefois le jury a constaté que les motifs formant des réseaux d'ornements exposés par M. Jouanny sont très heureusement choisis et d'un très bon aspect décoratif.

MM. Le Mardelé et Cie.

Ces Messieurs ne sont point des fabricants, leur rôle est celui de décorateurs, et c'est le collage ou la tenture des papiers dont ils s'occupent principalement.

Il ne suffit point de fabriquer des rouleaux de papier, encore faut-il savoir choisir, selon la pièce à décorer, d'abord les lés de la tenture de fond, puis la bordure qui peut lui convenir le mieux, soit qu'on la dispose en lignes horizontales, soit que cette bordure forme cadre. Dans ce dernier cas, c'est souvent au décorateur à combiner lui-même les angles.

Le tendeur du papier doit s'entendre avec le tapissier pour toutes les décorations de véritable distinction ; il lui faut donc tout à la fois de l'expérience, du goût et de l'adresse.

La maison Le Mardelé, à peu près la plus importante du genre, réunit toutes ces conditions avec une supériorité reconnue, que son exposition ne fait que confirmer avec éclat.

MM. J. Turquetil et Cie.

Cette manufacture de papiers peints en tous genres, selon le titre pris par cette maison, pratique sur une large échelle l'impression mécanique, et l'atelier du boulevard Voltaire est une usine à vapeur d'une production importante.

Le titulaire de cette maison est un praticien de vieille date : aussi la collection de ses carnets est-elle d'une quantité vraiment exceptionnelle. On y remarque des qualités souvent excellentes, et généralement d'une moyenne toujours estimable. Selon tous les confrères du métier, cette moyenne soutenue, et une fabrication d'une qualité supérieure à ce qui se produit autre part dans les mêmes conditions de prix, voilà ce qui distingue entre toutes la manufacture Turquetil. Ce sont là des titres sérieux pour un jury ayant pour mission de rechercher le beau dans l'utile, en même temps que tout ce qui est de nature à en propager l'usage. La qualité d'un produit économique importe beaucoup dans ce cas, et la commission a dû se préoccuper, devant le certificat donné à la maison de M. Turquetil par la loyauté de ses confrères, du moyen d'assurer à cette manufacture la récompense de premier ordre que ses qualités méritent.

M. Turquetil étant personnellement hors concours, en raison de son titre de membre du conseil d'administration de l'Union centrale, dont il est même un des principaux fondateurs, le titulaire de la maison ne pouvait être touché directement par une récompense. Heureusement la fabrique Turquetil est un groupement d'associés actifs, formé d'ouvriers de la maison dont l'honorable chef s'est assuré le concours depuis plusieurs années, sans apport de capitaux de leur part, et en leur abandonnant, en dehors de leurs appointements, 50 p. 100 des bénéfices de son entreprise prospère.

Par suite de la position toute particulière de M. Turquetil, le jury se trouvait en présence d'une réglementation fondamentale, basée sur des principes sages, qu'il importe de ne pas enfreindre. De ces principes, il est toutefois résulté que, bien que M. Turquetil ait été, depuis 1852, un des ouvriers de la première heure, avec les Jean Feuchère, Klagmann, Riester, Poterlet, il n'a pu cependant participer à aucune des récompenses qu'aucun obstacle n'empêche d'attribuer au premier venu qui, sans compromettre son intérêt particulier, se sera gardé de la générosité qu'ont montrée les fondateurs d'une institution, déclarée aujourd'hui d'utilité publique. Le jury a voulu aider à réparer l'omission forcée dont les travaux de la manufacture de M. Turquetil avaient jusqu'à présent été l'objet. Il y avait là un inconvénient qui, avec le temps, prenait les proportions d'une injustice. Et c'est pour y mettre un terme que la commission a profité de la forme coopérative de l'association de la maison Turquetil et Cie, en attribuant à son personnel une médaille d'or collective, classant à son véritable rang la production économique et de bonne qualité de cette fabrique de papiers peints.

CONCLUSION

Avant de terminer ce compte rendu, le signataire de ce rapport croit devoir ajouter un dernier mot à propos de l'étendue, assez inaccoutumée, de ce travail.

En étudiant les renseignements très détaillés qu'un certain nombre d'exposants lui ont fait parvenir au sujet de leurs produits, il était manifeste que ces industriels entendaient qu'il fût parlé de leurs travaux particuliers avec une certaine insistance. Il ne pouvait donc entrer dans l'esprit du rapporteur de faire un compte rendu d'une mesure agréable aux uns, en l'écourtant pour les autres ; une loi unique s'imposait pour tous, et ceux qui avaient pris les devants, en montrant qu'ils désiraient que le langage du rapport ne fût point trop laconique, nous ont paru être les interprètes du sentiment le plus général. D'un autre côté, profondément honoré par l'élection de nos confrères en librairie, nous ne pouvions point favoriser de plus de soins ceux des exposants qui nous sont les plus proches, et c'est ainsi que, de catégorie en catégorie, notre travail a pris les proportions qu'il a acquises.

La tâche nous a paru, d'ailleurs, non sans utilité, en considérant l'exposition du papier à un point de vue général. En regard des sculptures et des bronzes des meubles de luxe, dans le voisinage des tissus superbes, où toute la gamme des couleurs brille du plus vif et du plus charmant éclat, l'aspect décoratif d'un livre, d'une photographie, d'une gravure, voire d'un papier peint, est, en réalité, singulièrement pâle. Cependant, malgré ce désavantage extérieur, le livre et l'image ont captivé l'intérêt du public d'une façon marquée ; et peut-être, sous la forme

modeste que comporte le genre, les industries qui se rattachent
à leur fabrication sont-elles celles qui ont le plus vivement
excité la curiosité.

Le secrétaire-rapporteur a été soutenu par la pensée que son
travail serait de nature à satisfaire quelque peu ce sentiment,
qu'il était vraiment intéressant d'esquisser la prodigieuse somme
de soins et d'efforts qu'il fallait pour arriver à produire une
belle exposition comme celle de la section du papier, et qu'il
était bon pour la dignité des industries, dont le jury a eu à
apprécier les résultats, de ne point reculer devant des détails
que les exposants mêmes indiquaient avec raison. Car ce sont
de nobles métiers que ceux qui peuvent communiquer au papier,
à la feuille légère, une existence qui peut être moins éphémère
que celle du brillant tissu, ou même du plus robuste meuble.

Nous devons aussi, comme conclusion finale, adresser ici
tous nos remerciements aux divers membres du jury, nos collègues, sans les précieux renseignements desquels l'ensemble
d'un rapport, embrassant des matières si complexes, nous eût été
une lourde tâche. Il nous faut aussi faire connaître à nos lecteurs le bon esprit de concorde, d'entente et de cordiale affabilité
qui a toujours régné dans nos séances du jury, et qui a su donner, à ces réunions, parfois pourtant un peu longues, un tel
attrait, que nous avons pris la bonne résolution de, même notre
tâche accomplie, les continuer de temps en temps, afin de nous
permettre, tout en passant ensemble de bonnes soirées, de nous
tenir par de mutuels rapports au courant des progrès de notre
art. — Enfin, c'est aussi pour nous un devoir de signaler le
concours puissant que M. Racinet nous a prêté pour ce travail
en mettant à notre disposition les connaissances si variées qu'il
a acquises par ses longues études en tout ce qui concerne notre
industrie.

Alfred FIRMIN-DIDOT.

LISTE DES RÉCOMPENSES

DÉCERNÉES

AU IIIe GROUPE — LE PAPIER

CLASSE XXVI. — *LE LIVRE.*

Médaille d'or.

M. Lahure (Alexis).

Médailles d'argent.

MM. Baschet (Ludovic) — Charavay frères — Claesen (Charles) — Gruel et Engelmann — Delangle — Monrocq (Jean-Noël).

Médaille d'argent collective.

Collaborateurs de la Société de l'Imprimerie générale, présentés par M. Lahure.

Médailles de bronze.

MM. Conquet — Laplace-Sanchez et Cie — Lemonnyer (Jules) — Rouveyre et Blond.

Mentions honorables.

MM. Achaintre (Albert) — Gagnon (Henri) — Lefilleul — Martin-Boursin.

CLASSE XXVII. — *L'IMAGE*

Médaille d'or.

Gazette des Beaux-Arts.

Médailles d'argent.

MM. Baude (Charles) — Fichot (Charles) — Marc (Auguste) — Mouchon.

Médailles de bronze.

MM. Dumont — Fabré (Théodore) — Huot (Paul-Gustave) — Ikelmer — Poyet — Rose (Victor) — Tuck et fils — L'Art-Journal.

Mentions honorables.

MM. Bertrand (Aristide-Louis) — Lebet.

CLASSE XXVIII. — *DÉCORATION DU PAPIER*

Médailles d'or

De coopération aux associés de la maison Turquetil et Cie.
M. Gruchy, dessinateur (collaborateur de la maison Bezault).

Médailles d'argent.

MM. Croissant — Danois — Dubois (collaborateur libre, présenté par M. Croissant) — Levasseur (collaborateur libre présenté par MM. Croissant et Danois) — Regereau (collaborateur libre, présenté par MM. Bezault et Jouanny) — Soupir (Urbain), de la maison Bezault.

Médailles de bronze.

MM. Jouanny — Le Mardelé et Cie — Pequegnot, contre maître, maison Bezault.

CLASSE XXIX. — *LA RELIURE*

Médailles d'argent.

MM. Parisot — Pinau — Quinet (E.).

Médaille de bronze.

M. Amand.

Mentions honorables.

MM. Chabert — Jeener.

CLASSE XXX. — *LA PHOTOGRAPHIE*

Médaille d'or.

MM. Berthaud frères.

Médailles d'argent.

MM. Arents (Pierre) — Balagny (Georges) — Chalot — Durandelle (Louis-Émile) — Feilner (Jean-Baptiste) — Gougenheim et Forest — Grassin (Charles) — Gutekunst — Julien-Laferrière — Lampué (Pierre) — Lecadre et Cie — Neurdein — Ravet (Ernest) — Mlle Relvas — Reutlinger — Truchelut et Valkman — Van Bosch.

Médailles de bronze.

MM. Aillaud (Louis) — Aubry (Émile) — Chauvigné — Colas — Ermakoff — Fiorillo — Mme Gouin — Jouet (Eugène) — Luttringer — Michelet — Pirou (Eugène) — Rebo des Montifs — De Saint-Senoch (Edgar) — Stebbing — Vathis.

Mentions honorables.

MM. Braatz — Haugnet (Jules) — Morizet (Émile) — Patte (Auguste) — Robuchon — Mme Carla-Serena.

LES CONCOURS SPÉCIAUX

Il ne nous reste que quelques observations à consigner au sujet des concours spéciaux.

Le modèle de papier peint de M. Henri Poterlet est un bon dessin, d'un joli et riche caractère, bien exécuté. Ce n'est point de la grande décoration ; du moins faudrait-il que l'échelle en fût très modifiée. L'artiste, fils de notre collègue, un des maîtres du genre, est de bonne école ; il sait le prix des agencements de caractère et les combine heureusement. La jeunesse du compositeur se révèle par une tendance à accumuler des détails qui gagneraient souvent à plus de simplicité, à plus d'isolement les uns des autres. En somme, c'est une prodigalité de riche, et le modèle de M. Poterlet, d'un dessin fort estimable, est une production distinguée.

La reliure d'un volume d'un des grands écrivains français, dont on avait demandé un modèle, n'a point reçu de plaquette.

Le premier projet mentionné est la reliure d'un Montaigne. L'artiste, voulant être complet, a donné le dessin des deux plats et du dos. M. Houdard s'y révèle comme élève de M. Prignot par les bonnes qualités de son dessin ; mais, dans son ensemble, la composition offre un fâcheux inconvénient. Les deux plats sont de style contradictoire ; le revers est du genre Grolier, le plat supérieur remonte à des modes plus anciens, plus proches du xv⁰ siècle que de la vraie Renaissance. Et ce dernier genre, en outre de la contradiction, paraît surtout impropre pour l'époque même de Montaigne, dont l'archaïsme n'a rien à voir avec les choses du moyen âge.

La seconde mention s'applique au projet du plat supérieur

d'une reliure d'un Molière, en grand format. L'inspiration de
l'ornementation remonte aux agencements demi-architecturaux
des époques où les Berain et les Daniel Marot tenaient la corde.
Les décorations de ce genre exigent une complication de rendu
difficilement compatible avec le caractère de la haute reliure, à
laquelle la pureté et l'ampleur des moyens semble convenir le
mieux. Les finesses, de la famille de celles dont on use couramment aujourd'hui pour les cartonnages, ne peuvent guère con-
stituer que des choses secondaires. Quelque ingénieux que soit
d'ailleurs un agencement, une gravure formant une image imprimée en or, et qui le pourrait être en noir, n'est point véritablement un motif de reliure d'un ordre tout à fait relevé.

La plaquette de bronze, attribuée au *Livre*, concerne le
Conte de l'Archer, dont il est parlé ci-dessus.

L'*Image* n'a reçu qu'une mention. *La Diligence de Ploërmel*,
qui en est l'objet, était le seul produit répondant au programme :
Illustrations françaises pour un livre destiné à l'enfance.

Il a paru au jury que ce léger recueil ne constituait pas réellement un livre; de plus, et que tout charmant qu'il est, il y
avait un léger inconvénient à mettre sous les yeux de l'enfance
les ridicules de gens d'un certain âge, pour lesquels on lui
demande ordinairement le respect. Or, au milieu des illustrations fort spirituelles de ce conte breton, il se rencontre quelques
pages dont la gaieté à la Henri Monnier met en relief des ridicules que les enfants ne sont que trop enclins à saisir rapidement par eux-mêmes dans la vie réelle. C'est charmant pour les
grandes personnes, mais d'un caractère moins justifié pour
répondre aux principes de la bonne éducation de l'enfance, ces
scènes étant trop près de la vie de chaque jour. Les féeries qui
transportent les jeunes intelligences dans un monde fictif,
auraient peut-être moins d'inconvénients.

La plaquette d'or, « le grand prix de l'Union centrale », attribuée à la *Décoration du papier*, concerne le panneau décoratif
du papier peint en douze lés, produit par M. Bezault, sur lequel
nous n'avons point à revenir.

La *Reliure* exécutée n'a reçu qu'une mention, attribuée à
M. Quinet, qui a exposé un Longus, travaillé avec soin, orné

de mosaïques fines sur les plats supérieurs, mais dont les revers ont paru faire détonner l'ensemble du livre.

Enfin, la plaquette de bronze décernée à la *photographie* concerne la suite de documents portugais exposés par M. Carlos Relvas, dont il a été amplement parlé.

DES CONCOURS SPÉCIAUX

Selon le règlement concernant le fonctionnement des jurys, c'est un jury supérieur, composé des bureaux de chaque groupe et assisté du président et du rapporteur général, qui a eu à statuer sur les récompenses à décerner dans les concours spéciaux (Plaquettes et *grand prix* de l'Union centrale). Pour ce qui concerne le papier, voici les décisions rendues :

DESSINS ET MODÈLES

Décoration du papier. — Plaquette de bronze.

M. Poterlet (Henri).

Reliure. — Point de plaquette.

1re mention. M. Houdard.
2e   id.   M. Poterlet (Henri).

ŒUVRES EXÉCUTÉES

Le Livre. — Plaquette de bronze.

M. Lahure.
Mentions. MM. Jouaust — Quantin.

L'Image. — Point de plaquette.

Mention. M. Lahure.

Décoration du papier.

Attribution de la plaquette d'or, dite *le grand prix de l'Union centrale*, à M. Bezault.

La Reliure. — Point de plaquette.

Mention. M. E. Quinet.

La Photographie. — Plaquette de bronze.

M. Carlos Relvas.

Rapport approuvé par tous les membres du jury du groupe III.
Le Papier.

Paris. — Typographie de Firmin-Didot et Cⁱᵉ, 56, rue Jacob. — 13592.